CATHERINE,

OU

LA BELLE FERMIÈRE,

COMÉDIE, EN TROIS ACTES,

EN PROSE, MÊLÉE DE CHANT,

REPRÉSENTÉE sur le Théâtre de la République, le 27 novembre 1792, sous le titre de LA BELLE FERMIÈRE.

Paroles et musique de JULIE CANDEILLE.

Prix, 30 sols.

A PARIS,

Chez MARADAN, Libraire, rue du Cimetière-Saint-André-des-Arcs, N°. 9.

1793.

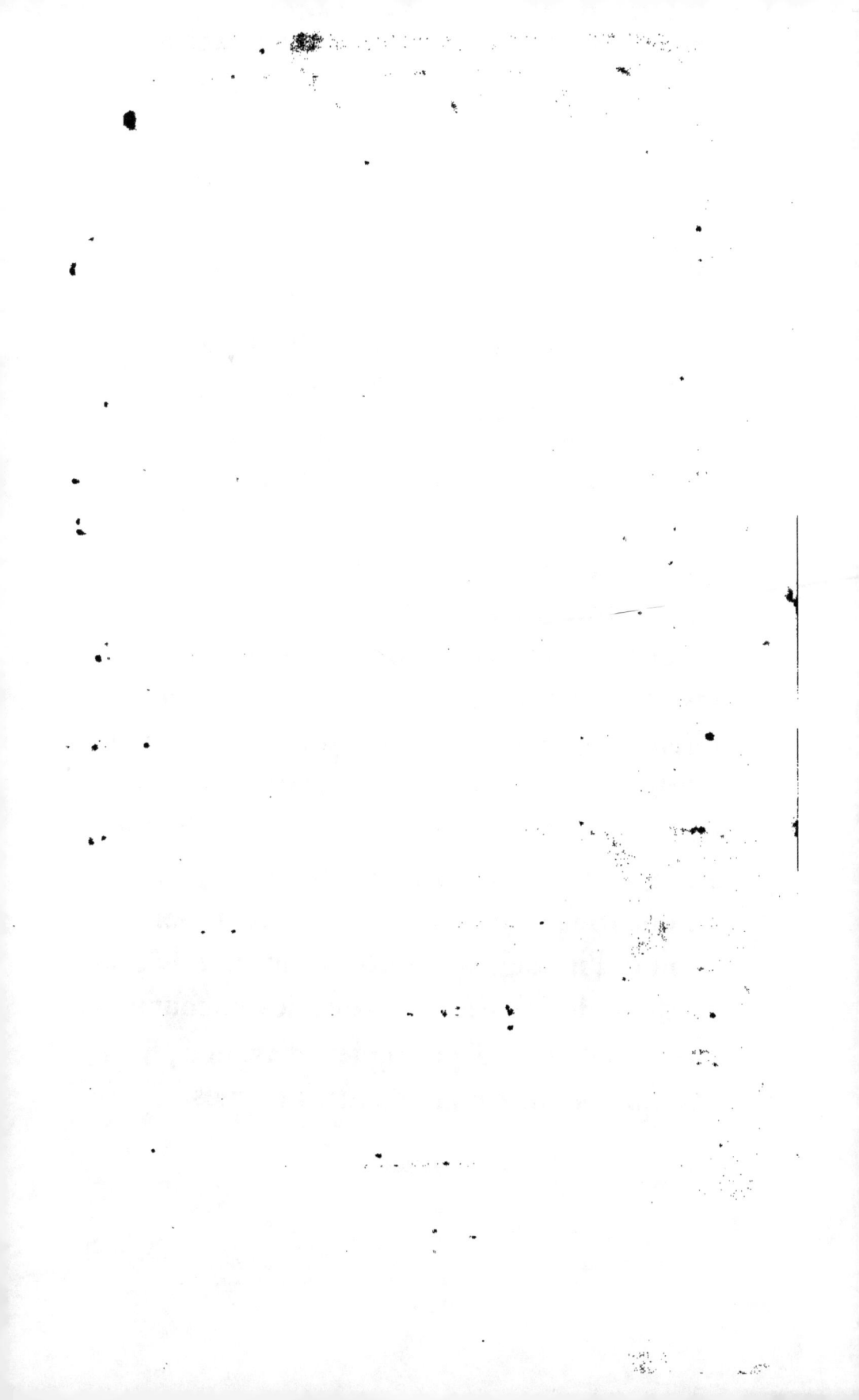

PRÉFACE.

Sans mon respect pour les décisions du public, qui a daigné accueillir cette bagatelle sous le titre qui lui a été offert, j'aurais desiré qu'on l'imprimât sous celui de *La Fermière de qualité*, qui est son titre originaire ; il annonçait mieux le personnage, et me sauvait l'apparence d'un ridicule. La faute en est toute entière à l'amitié de mes camarades, qui n'ont pas craint de rendre mon visage responsable de la vérité de l'annonce... Je le leur pardonne. Ils ont sibien deviné toutes mes autres intentions, leur zèle et leur talent ont prêté un tel charme à la pauvre Catherine, qu'il ne me reste de crainte que celle de le voir cesser à la lecture. Mais enfin, un ouvrage qui ne parle que de ce que tout le monde sent, a naturellement droit à l'indulgence de tout le monde ; et l'ardeur de mériter un jour les encouragemens qu'on m'a prodigués d'avance, peut me faire courir bien d'autres risques.

PERSONNAGES.

Mlle. GIVERNE... La Marquise D'ARMINCOURT, vieille dame retirée à la campagne.

Mlle. SIMON DES-PRES..... } ÉLISE, sa fille.

M^r. DEVIGNY.... LUSSAN, } voisins de la Marquise.
M^r. BAPTISTE... FIERVAL, }

M^r. MICHOT..... BONIFACE D'ORNEVILLE, frere ainé de la Marquise.

Mlle. CANDEILLE. CATHERINE, fermière de la Marquise.

Mlle. DUINANT... FANCHETTE, servante de Catherine.

M^r. FUSIL....... HENRY, valet de Fierval.

PAYSANS et
PAYSANNES, } Personnages muets.
UN NOTAIRE,

LA scène est en Berry ; elle se passe au château et à la ferme d'Armincourt.

NOTA. La citoyenne CANDEILLE observe qu'en traitant de son ouvrage avec le citoyen MARADAN, elle s'est réservée le droit de traiter avec les différens directeurs de province, pour la représentation.

CATHERINE,

OU

LA BELLE FERMIÈRE,

COMÉDIE.

ACTE PREMIER.

Le Théâtre représente un paysage agréable. Une grille, sur la gauche, conduit au château: La ferme de Catherine est sur une hauteur à droite; des sentiers tournans y conduisent. Les côtés du théâtre sont garnis d'arbres. Des bancs de pierre entourent aux trois-quarts une table de jardin, placée sous un bosquet d'arbres plus près de l'avant-scène., à droite. — Il est six heures du matin.

SCÈNE PREMIÈRE.

HENRY, FANCHETTE.

(l'une sort de la ferme, l'autre du château.)

HENRY.

Ou allez-vous donc de si bonne-heure, mam'zelle Fanchette ?

A

FANCHETTE, *ayant sous le bras un panier qu'el'e pose sur le banc un moment après.*

Pardine, où j'vas! vous l'savez b'en. J'allons porter au château des légumes pour la journée. — Et vous, M. Henry, qu'est-ce donc qui vous fait sortir si tôt?

HENRY.

Un billet que M. de Fierval écrit à son père. Il faut qu'il soit bien pressé, car il m'a recommandé de ne pas revenir sans une réponse positive. — Je la devine. Le jeune homme n'a point d'argent, il en demande au pauvre papa, qui, de son côté, n'en a guères.... J'ai bien peur de ne pas la rapporter, la réponse positive.

FANCHETTE.

Il n'est donc pas riche, M. de Fierval?

HENRY.

Plus loin de l'être, que vous et moi ne sommes près d'être pauvres.

FANCHETTE, *soupirant.*

J'n'avons pourtant pas l'air b'en opulens.

HENRY.

Et lui, au contraire, semble affecter la magnificence: l'un ne prouve pas plus que l'autre.

FANCHETTE.

Que vous êtes heureux, M. Henry, d'être comme ça content de vot' sort!

H R N R Y, *gaiement.*

Et pourquoi ne le serois-je pas? — Mon maître, à la vérité, est un étourdi qui ne sait, la plupart du tems, ce qu'il veut, et qui me gronde souvent de n'avoir pas fait ce qu'il a oublié de me dire; mais, du reste, j'en suis assez content; et puis il y a à parier cent contre un que Madame d'Armincourt lui donnera sa fille en mariage: comme elle n'est guères plus riche que lui, ils seront forcés de vivre dans leurs terres: cela nous fixera ici, et c'est ce qui pouvait m'arriver de plus heureux, après la certitude de vous faire agréer mon amour, mam'zelle Fanchette.

F A N C H E T T E, *rougissant.*

Ah! M. Henry!.. cette certitude-là.... certainement.... Vous croyez donc que M. de Fierval épousera mam'zelle Elise?

H E N R Y.

Oh! oui, oui; c'est une affaire arrangée.

F A N C H E T T E, *avec intérêt.*

Et M. d'Lussan, que deviendra-t-il?

H E N R Y.

Ma foi, ce qu'il pourra. C'est un songe-creux qui ne pouvoit réussir auprès de la jeune personne. Elle est fastueuse, exigeante, impérieuse; et lui, avec son maintien composé, es manières circonspectes, ses observations économiques, ne promet guères de récréation à sa femme, que la permission de réfléchir à son aise; et je ne la crois pas forte sur la réflexion. — Il ne lui convient pas, il ne lui convient pas du tout.

F A N C H E T T E, *un peu piquée.*

En vérité, M. Henry, j'sommes un peu fâchée qu'un brave garçon comme vous ne dise pas pus d'bien d'un si honnête homme; j'avions toujours cru que les honnêtes gens se soutiennent les uns les autres.

H E N R Y.

Au contraire, ce sont les fripons : ils en ont plus besoin. — Mais, mam'zelle Fanchette, cent fois pardon si je vous ai déplu; moi, je décide sur ce Monsieur.... sans trop savoir comment, en vérité. Depuis quatre mois que mon maître et lui sont venus demeurer au château, je ne l'ai guères vu qu'aux heures de repas; et, depuis trois mois sur-tout, il devient d'un rare, d'un sérieux.....
Cette conduite lui a fait tort dans l'esprit de mademoiselle Elise; elle prétend que le premier mois, il étoit plus gai, plus assidu.

F A N C H E T T E *souriant.*

Ah dame ! c'est qu'il n'étoit pas si occupé qu'à présent.

H E N R Y.

Occupé !.... Et de quoi ?

F A N C H E T T E.

Ah ! de quoi, de quoi !.... C'est ce que je n'saurions vous dire, tant y a seulement que je donnerions b'en queuqu'chose pour que vous fussiez plutôt à son service qu'à celui de M. de Fierval.

H E N R Y.

Et, qu'en arriverait-il, mam'zelle Fanchette?

F A N C H E T T E.

Ce qu'il en arriverait, M. Henry ! — Que M. de

Lussan, qui a déjà de l'amiquié pour moi, par une raison que je vous dirai, prendrait aussi de l'amiquié pour vous, et qu'ainsi il se pourrait qu'un jour...

HENRY, *vivement.*

Il se pourrait qu'un jour cette jolie menotte que je serre de si bon cœur, appartiendrait à ma femme ! — O mam'zelle Fanchette !... ô quel bonheur !... quel plaisir, mon Dieu !...

(*Il baise sa main.*)

FANCHETTE *émue et retirant sa main.*

Finissez, M. Henry, je ne d'onnons rien d'avance.

HENRY, *gaiement.*

Eh bien, fixez le jour du remboursement, et je laisserai volontiers amasser les arrérages.

FANCHETTE.

Fixer le jour !.... et, comme il y va donc, M. Henry ! fixer le jour !... Est-ce que ça dépend de moi, donc ? Est-ce que vous ne savez pas que madame Catherine, qui est la plus belle fermière de ce canton, m'a recueillie, il n'y a pas b'en long-tems, moi, pauvre orpheline, et m'a fait tout le peu que je sommes ? est-ce que j'pouvons nous marier sans son consentement ? est-ce qu'elle nous le donnera ? Ah, ouiche ! fiez-vous-y !

HENRY.

Et pourquoi pas ?

FANCHETTE:

Est-ce que je savons pourquoi ? C'est une si drôle de femme ! bonne, ah ! bonne !... il n'y a pas de pauvre dans le village qui ne lui doive une bénédiction ; mais triste, cachée, défiante.....

A 3

H E N R Y.

Triste ? Eh elle ne fait que rire et chanter quand
on la voit.

F A N C H E T T E.

Oui ; mais on ne la voit pas souvent, non plus ;
et à la ferme, où, Dieu merci, personne que nous
autres ne pouvons approcher sans sa permission ,
quand elle a fait toutes ses petites affaires , qu'elle
peut être b'en seule, b'en renfermée, c'est là qu'il
faut la voir. Elle a dans un petit cabinet ous qu'elle
se tient toujours, un tas de papiers qu'elle bar-
bouille ; une grande machine de bois avec des
cordes, qu'elle s'en va pinçant comme çà. — Elle
chante doucement, elle pleure ; et puis, quand elle
revient jaser avec nous, ce n'est que pour nous
dire un mal des hommes.... un mal !... Elle les
déteste. Elle voudrait b'en me les faire détester
aussi , moi ; mais je n'savons pourquoi je n'nous
sentons pas du tout d'disposition pour ça.

H E N R Y.

Vous faites bien, mam'zelle Fanchette. Rien de
meilleur que nous dans le monde..... après les
femmes, s'entend. Mais si madame Catherine est
aussi bonne que vous le dites , elle ne saurait refuser de vous laisser établir avantageusement ; et
voici comment je m'y prendrai. J'irai lui dire :
Madame, j'ai de la jeunesse, un bon cœur et de
bons bras ; je possède trois cent quarante livres ; je
vous demande, mam'zelle Fanchette, et vous promets, en revanche, de vous donner, sous quatre
ans, une paire de jolis petits valets de basse-
cour, qui vous aimeront et vous serviront à qui
mieux mieux. Elle n'y tiendra pas, j'en suis sûr,

elle n'y tiendra pas; et je vous aurai, je vous aurai, mam'zelle Fanchette : quelle joie! Ce que vous m'apprenez là, me chagrine pourtant; car vous savez comme je desire!.....

FANCHETTE, *naïvement.*

Vraiment oui, M. Henry, et j'vous en remercions. Mais comment faire? Madame Catherine ne peut tant seulement entendre parler de mariage, qu'il ne lui prenne une quinte d'humeur, dont j'nous ressentons tretous. Vous voyez bien. . . .

HENRY.

C'est égal, mam'zelle Fanchette, c'est égal.

FANCHETTE, *avec abandon.*

Ah! Henry, si M. Charles était dans nos intérêts !

HENRY, *étonné.*

M. Charles!.... Qu'est-ce que c'est que M Charles ?

FANCHETTE, *se reprenant.*

Eh? non, non; c'est M. de Lussan que je veux dire.....

HENRY, *de même.*

M. de Lussan! et quel rapport ce M. Charles et M. de Lussan? ...

FANCHETTE *embarrassée reprend son panier pour s'enfuir.*

Ah! v'là ce que c'est que d's'amuser à jaser avec un garçon; on n'sait bien-tôt plus ce qu'on dit. — Adieu, M. Henry, adieu.

HENRY *la retenant.*

Comment, adieu ! est-ce que vous ne m'expliquerez pas ?....

FANCHETTE *se débattant.*

Oh ! tenez, Henry, si vous n'aimez, ne m'demandez rien là-dessus.

HENRY.

Mais du moins dites-moi...

FANCHETTE.

Je n'ons plus rien à dire. Ne me retenez pas, je vous en prie ! n'nous questionnez plus, vous n'en saurez pas davantage.

HENRY, *chagrin.*

Mam'zelle Fanchette !....

FANCHETTE *s'enfuyant vers le château.*

Adieu, adieu, Monsieur Henry.

SCÈNE II.

HENRY *seul.*

ADIEU !.... adieu !.... me voilà bien avancé ! — D'où vient ce mystère ?... Est-ce que Fanchette... Oh, non, non, c'est du bon, du sûr. Air simple, œil franc, dix-sept ans tout au plus, villageoise avec cela.... il n'y a rien à craindre. — Mais ce Charles.... Monsieur de Lussan... qu'est-ce que tout cela signifie ?.... — Oh, ces femmes !... à peine au monde, elles vous font faire un chemin. A propos de chemin, et ma commission ? j'oubliais.... Eh !

mais mon Dieu ! — O tête ! chien d'amour !.....
Allons porter ma lettre. (*Il sort.*)

S C E N E I I I.

LUSSAN, *en habit gris, veste blanche, costume de commis de ferme ; il sort de la grille avec précaution, et n'avance que dès qu'il est sûr qu'Henry n'y est plus.*

IL est parti ! — Mais j'ai manqué l'heure. On s'est couché si tard ! On déjeûne maintenant à la ferme ; comment y rentrer sans qu'on s'apperçoive d'où je viens !... chaque jour y accroît mon embarras, et chaque jour m'y attache ! — Catherine me cherche en ce moment, m'accuse peut-être.. Femme adorée ! femme incompréhensible !.... ne saurai je donc jamais la cause de cette bizarrerie si aimable, si cruelle ? Je l'aime !... je l'aime, hélas ! sans espérance, comme sans dessein ; et, pour la première fois de ma vie, l'amour m'a entraîné dans une démarche qui révolte ma raison, sans offrir des dédommagemens à mon cœur. — Tant d'esprit, des manières si nobles, un langage si pur, un état si opposé, un mystère si profond !......

S C E N E I V.

LUSSAN, FANCHETTE *qui revient du château.*

F A N C H E T T E *accourant à lui.*

A QUOI vous amusez - vous donc, Monsieur ? il y a ma fine long - tems que tout l'monde est sur pied. Madame Catherine vous appelait déjà quand j'sommes venue: l'heure des comptes est b'en loin, comment allez-vous faire ?

L U S S A N, *distrait.*

J'y songeais. — Dites moi, Fanchette, à quelle heure Catherine s'est-elle levée ?

F A N C H E T T E.

A cinq heures.

L U S S A N, *avec joie.*

Et elle m'a demandé aussi-tôt ?

F A N C H E T T E, *bonnement.*

Oh que non ; elle a fait sa tournée d'abord, comme de coutume, elle a distribué l'ouvrage à chacun, et c'n'a été qu'quand maitre Philippe allait s'en aller à la ville, qu'elle s'est apperçue qu'vous n'étiez pas là pour prendre l'compte de ce qu'il y avait dans ce chariot; mais elle l'a pris pour vous.

L U S S A N, *préoccupé.*

Je prétexterai une affaire. J'ai envoyé chez Robert, hier au soir : elle l'ignore : je dirai que j'ai été payé ce matin.

(*Il va du côté de la ferme.*)

F A N C H E T T E.

Hé b'en, hé b'en, où allez-vous comme ça ? vous ne pouvez pas rentrer à c'theure : tout l'monde vous verrait.

L U S S A N.

Tu as raison. Je rentrerai quand on sera retourné au travail. Causons un peu.

FANCHETTE.

Et si on nous surprenait?

LUSSAN.

Non, non.... — Dis-moi donc, bonne petite Fanchette, dis-moi, t'apperçois-tu que mes soins commencent à produire quelqu'effet sur le cœur de Catherine ?

FANCHETTE.

Dame, Monsieur, on n'se connaît guère à ça que pour soi-même, voyais-vous. Stapendant, j'voyons b'en qu'elle a pour vous d'la bien bonne amiquié. Elle s'en va b'en souvent s'disant à elle-même : « Ce pauvre Charles ! ce serait b'en dommage qu'y » s'marie; c'est un si honnête homme !.. il ne l'serait » b'entôt plus ».

LUSSAN.

Quelle idée ! quel monstre a pu la lui donner ? qui est-elle ? d'où vient-elle ? où est sa famille ? comment, personne ici ne sait qui elle est ?

FANCHETTE.

Personne. Quand elle vint s'établir dans l'village, elle n'avait avec elle qu'une vieille, vieille femme qu'est morte quinze jours après... il y a d'çà... b'entôt deux ans. Madame la Marquise était mécontente d'son fermier, Catherine demanda la ferme. Madame ne voulait pas l'y confier, n'la connaissant pas ; à la fin, elle se décida, et elle en est b'en contente à présent, parce qu'on dit que Catherine lui en donne six cents livres de plus par année.

LUSSAN.

Ah, Fanchette!

F A N C H E T T E.

Monsieur ?

L U S S A N.

Que je suis malheureux !

F A N C H E T T E.

Pourqnoi donc, Monsieur ?

L U S S A N.

Peux-tu le demander ! et ne vois-tu pas que cette folle entreprise, que je n'aurois jamais pu tenter fans ton fecours, ne me conduira peut-être qu'à me rendre la fable du château et l'objet de la colére de Catherine.

F A N C H E T T E.

Aga ! ne v'là t'y pas eune belle réflexion qui vous vient là ! et moi donc, Monsieur, j'courrons b'en d'autres risques vraiment ; mon fang se fige quand j'y songe. — Si par malheur madame Catherine venoit à favoir trop tôt que j'lons trompée, que celui-là qu'elle prend pour le neveu d'une vieille con-cierge de Lussan, n'est autre que l'gentil seigneur de c'village, et que j'ons osé foutenir trois mois de suite un pareil mensonge, vous pouvez être sûr que toutes les peines que j'nous fommes données pour vous introduire ici, pour vous y cacher, comme j'l'avons fait à tous ceux qui pouviont avoir affaire au château, n'aboutiriont qu'à me faire b'en hon-teusement chasser de la ferme ; et c'est ce qui m'ar-rivera, dà, si vous ne venez b'entôt à bout d'l'y re-tourner son humeur contre les hommes ; jugez si j'y fommes intéressée, jugez si j'nous exposons pour vous servir... je n'ous en r'pentons pas stapendant... certainement, je n'ous en r'pentons pas ; car vous

m'avez dit qu'vous l'aimiez en tout bien, tout honneur, n'est-il pas vrai, monsieur ?

LUSSAN, *souriant.*

En tout bien, tout honneur, oui, mon enfant,
c'est ainsi que je l'aime, c'est ainsi que tous les
hommes aimeraient, si toutes les femmes ressem-
blaient à Catherine ; et le ciel m'est temoin que si
j'ai formé le dessein de la guérir de cette prévention inexplicable contre les hommes, si j'ai conçu
l'espoir d'intéresser son cœur, ce n'est que pour
mettre à ses pieds l'hommage de ma fortune, de
ma main, de tout ce que je possède au monde, et
l'arracher à un état qui n'aurait jamais dû... qui ne
doit pas être le sien.

FANCHETTE, *attendrie.*

Ce cher monsieur ! comme il parle ! — ça
m'va tout droit au cœur ! — Allez, allez, Monsieur, n'vous découragez pas : n'y a pas encore
d'tems d'perdu, mam'zellle Elize ne se marie pas
encore ; et j'savons de queuq'z'un.... qui l'savont
b'en, que c'nest pas à vous qu'elle songe pour
s'épouser.

LUSSAN.

Ouï ; mais sa mère !... sa mère qui connait
ma fortune, qui sait que Fierval n'a rien, ne vou-
dra-t-elle pas ?...

FANCHETTE, *riant.*

Bah !... vouloir !... est-ce qu'elle veut queuqu'chose, madame la Marquise.... c'est b'en la
meilleure pâte d'dame.... mais y m'semble que
j'l'apercevons avec mam'zelle Elize.... elles viennent de ce côté.... Sauvez-vous, et rentrez à la
ferme le plutôt que vous pourrez, j'vous en prie,

LUSSAN.

Ouï, mon enfant, ouï ; — sur-tout, ne livre mon secret à personne, car.....

FANCHETTE.

Pas même à Henri. Ainsi ! ..... .

LUSSAN.

Je me fie à ton zèle ; fie toi à ma reconnoissance.

FANCHETTE.

Eh, sauvez-vous donc ! — les voilà.

Lussan sort.

SCÈNE V.

FANCHETTE, ÉLISE, LA MARQUISE.

LA MARQUISE.

LA belle chose que la nature ! quel air ! quelle fraicheur !.... La belle journée que nous
(*Fanchette lui fait la révérence.*)
aurons ! .... Bonjour, petite ... Etes-vous fâchée, à présent, ma fille, de vous être levée assez tôt pour jouir du spectacle pompeux du soleil levant ?

ÉLISE. (*Tout le rôle en petite-maîtresse.*)

Non, sans doute, Madame, puisque j'en jouis avec vous ; mais convenez pourtant que jamais on n'a vu deux femmes se lever avant sept heures. C'est exposer inutilement sa santé.

FANCHETTE, *riant.*

Bah ! mam'zelle, je sommes debout tous les

jours à quatre heures, nous, et je n'nous en portons pas plus mal pour ça.

ÉLISE.

Belle comparaison !

LA MARQUISE.

Elle est prise dans la nature : moi, j'excuse tout
A Fanchette.
ce qui est naturel. Dis-moi, petite, où est Catherine ?

FANCHETTE.

A la ferme, Madame. Auriez vous queuqu'chose à l'y dire ? j'irions la chercher.

LA MARQUISE.

Oui, oui, va la chercher, et dis-lui qu'elle fasse apporter sous ces arbres, du lait, du pain, tout ce qu'il faudra pour déjeûner ici, sans façon. Rien de plus sain, selon moi, qu'un déjeûner à la villageoise.

ÉLISE.

Comment ! au grand air ? du lait froid ? j'en mourrais.

FANCHETTE.

Oh qu'non, Mam'zelle, vous n'en mourrais pas. J'allons, madame Catherine et moi, arranger tout ça b'en gentiment ; et quand vous aurais vot'déjeûner d'vant vous, j'sommes sûres qu'vous ferez encore tout c'qui faudra pour vivre.

(*Elle court à la ferme.*)

SCÈNE VI.

LA MARQUISE, SA FILLE.

ÉLILE.

CES paysans sont d'une familiarité !

LA MARQUISE.

Que veux-tu, mon enfant, c'est un peu ma faute. Fixée, depuis mon veuvage, dans cette terre, qui est mon unique bien, jai senti la nécessité de me faire aimer de ce qui m'environnait ; et ce desir m'occupe à tel point, que joublie à tout moment qu'il faut qu'on me respecte.

ÉLISE.

On peut accorder l'un et l'autre.

LA MARQUISE.

Pas toujours, mon enfant, pas toujours. — Mais, puisque nous voilà seules un instant, parlons raison. Vous avez vingt ans, ma fille, il est tems de songer à vous établir, et je veux m'en occuper sérieusement. Vous êtes jolie comme les amours, et vous faites fort bien, car vous n'êtes pas riche. Mon frère Boniface d'Orneville, après le quel j'ai long-tems attendu, et qui n'avait embrassé l'état d'armateur que dans l'idée de réhabiliter notre antique fortune, paraît nous avoir entièrement oubliées, ou peut-être même a-t-il péri dans ses courses, puisqu'il est vrai que depuis sept ans on n'entend plus parler de lui. D'ailleurs, un fils qu'il avait laissé à Paris, hériterait avant nous ; et jai ouï dire,

dire, dans le voyage que j'y fis, il y a trois ans, qu'il y menait un train à envahir sans peine le plus gros héritage ; ainsi, nul espoir ne nous reste de ce côté. — Lussan et Fierval, tous deux mes voisins, mes alliés, tous deux d'un rang et d'un âge convenables, sont les seuls que la médiocrité de notre fortune n'ait pas rebutés, et je pense qu'il serait tems que vous fissiez un choix entr'eux. Parlez-moi vrai : lequel préférez-vous ?

ÉLISE.

Préférer ? quand je le voudrais, cela m'est-il permis, et monsieur de Fierval n'est-il pas le seul dont les égards et les soins assidus puissent justifier mon estime ?

LA MARQUISE.

Tu l'aimes donc ?

ÉLISE.

Je ne dis pas cela.

LA MARQUISE.

Eh ! quand tu le dirais, où serait le mal ? — Il est certain que Lussan paraît s'être visiblement réfroidi, et j'en ai plus d'une fois cherché la raison.

ÉLISE, *vivement.*

Vous vous en êtes donc apperçue ?

LA MARQUISE.

Et toi aussi, ce me semble ? mais que t'importe, puisque Fierval te plaît ? il n'est pas si bien partagé que Lussan du côté de la fortune et de

B

certaines qualités essentielles que j'aurais désirées dans ton époux ; mais il est bien fait, aimable ; et, s'il a pu t'intéresser, je ne réfléchis point, vous serez unis. Je n'ai jamais contrarié personne, je ne commencerai point par toi.

ÉLISE.

Je vous rends mille graces ! — Mais, ma mère, ne renoncez-vous pas un peu facilement à l'espoir de ramener Monsieur de Lussan ?

LA MARQUISE.

Et pourquoi m'en occuperais-je ? Fierval n'est-il pas l'amant de votre choix, celui qui, dès le premier moment, a attiré vos regards, et pour lequel vos attentions marquées ont sans doute provoqué le changement que nous remarquons dans les procédés de Lussan ?

ÉLISE, *avec dépit.*

J'en conviendrai, si vous l'ordonnez ; mais n'est-il pas cruel pour moi de voir M. de Lussan se détacher, avant d'avoir pénétré mes dispositions, et cela sous les yeux d'un rival pour qui cet exemple peut devenir dangereux ?

LA MARQUISE.

Ah ! voici du nouveau, par exemple ! Où avez-vous appris tout cela, Mademoiselle ? — Comment donc ! du manège ?... de la coquetterie ?... prenez-y garde, mon enfant, ces petites habitudes parisiennes ne valent rien dans un ménage, et ne passeront jamais en mode à la campagne. Il faut en tout de la stabilité, ma fille, il en faut ; car, en fait de mariage....

SCÈNE VII.

LES PRÉCÉDENS, CATHERINE,

qui descend de sa ferme, portant, ainsi que Fanchette
qui la suit, tout ce qui est nécessaire au déjeûner.

CATHERINE, *chnate en entrant :*

« La chose ne vaut pas le mot. »

LA MARQUISE.

Ah ! voilà Catherine ? — La charmante femme !
— je l'aime à la folie !

ÉLISE, *à part.*

Quand on aime tout le monde !...

CATHERINE, *saluant.*

Votre servante, Mesdames.

LA MARQUISE.

Bonjour, ma belle fermière. Êtes-vous de bonne
humeur ce matin ? la journée sera-t-elle heureuse ?

CATHERINE.

A coup sûr, Madame, puisque j'ai le plaisir de
la commencer par vous être agréable en quelque
chose.

LA MARQUISE, *à Élise.*

Comme elle est polie !

B 2

ÉLISE.

Un peu trop, peut-être, pour une paysanne; j'aime
assez à entendre parler à cette sorte de gens le langage qui leur est propre.

CATHERINE, *arrangeant avec Fanchette le déjeûner,
la table, &c.*

Combien de couverts, Mesdames ?

LA MARQUISE.

Quatre. Il faudrait envoyer chercher ces Messieurs.

FANCHETTE, *vivement.*

Oh ! pour monsieur d'Lussan, vous n'l'aurez pas,
Mesdames, car j'l'avons vu passer, il y a près d'une
grosse heure, qui alliont avec son livre et son chien
s'promener du côté d'la Grange-aux-Bois.

ÉLISE, *à sa mère.*

Ce serait, depuis trois mois, la première fois
qu'on l'aurait apperçu le matin.

CATHERINE, *arrangeant toujours la table.*

Mais, en effet, ce Monsieur est bien solitaire!
moi qui en parle, je n'ai pas encore eu l'honneur
de le voir en face.

FANCHETTE, *à part.*

C'n'est pourtant pas faute de le regarder.

ÉLISE, *piquée.*

Eh bien, laissons-le à ses rêveries; monsieur de
Fierval nous en dédommagera; il s'occupe de
nous, au moins.

LA MARQUISE.

Voici justement son valet.

SCÈNE VIII.

LES PRÉCÉDENS, HENRY, *qui revient du côté par où il est sorti.*

LA MARQUISE.

Henry ? si votre maître est levé, dites-lui que je l'invite à venir nous joindre ici même : nous l'attendrons pour déjeûner.

HENRY.

J'y cours, Madame.

ÉLISE.

Henry ? Ne venez-vous pas du côté de la Grange-aux-Bois ?

HENRY.

Oui, Mademoiselle.

ÉLISE.

Vous avez rencontré monsieur de Lussan ?

PENRY.

Non, Mademoiselle.

CATHERINE.

Non ! Comment cela se fait-il ? Fanchette vient de le voir de ce côté.

B 3

HENRY.

Fanchette ?

FANCHETTE, *allant à lui.*

Oui, certainement que j'l'ons vu, et vous aussi, monsieur Henry, j'en sommes sûre. (*A part.*) Voulez-vous b'en dire que vous l'avez vu, tout à ç't'heure.

HENRY, *la regardant.*

Ah ! oui, oui ; en effet, je crois avoir entrevu de loin un homme. . . .

FANCHETTE, *lui faisant signe d'affirmer ce qu'elle dit?*

En négligé ?

HENRY.

Oui, oui, en négligé.

FANCHETTE.

L'air tout pensif ?

HENRY, *impatienté.*

Ma foi, je n'ai pas pris garde.

FANCHETTE.

Un chien à ses côtés, un livre à la main?...

HENRY, *vivement*

Un chien et un livre, c'est cela, Mesdames. Je cours avertir mon maître.

SCENE IX.

LES PRÉCEDENS, hors HENRY.

ELISE, *à sa mère.*

QUEL homme ! avec ses promenades mystérieuses,

LA MARQUISE.

Nous causerons de tout cela ; calme-toi.

CATHERINE, à *la table*

Bon, voilà qui est bien arrangé comme cela. Eh du pain donc ! je l'ai oublié ! Fanchette ? va vite en chercher à la ferme.

ELISE.

Du pain de ferme ? ah fi ! Permettez, Madame, que Fanchette aille en prendre au château.

LA MARQUISE.

Comme tu voudras, mon enfant. (*à Fanchette*) Va, petite.

Fanchette sort.

SCENE X.

LES PRÉCÉDENS, hors FANCHETTE,
qui revient vers la fin de la scène.

CATHERINE, à *Elise.*

POURQUOI dédaigner le pain de ma ferme, Mademoiselle ? vous ne savez pas quel est celui dont le sort peut vous contraindre un jour à vous nourrir.

ELISE., *ironiquement.*

La prophétie est bien placée ; mais je me flatte que je ne la vérifierai pas, et vous auriez pu me l'épargner.

B 4

LA MARQUISE.

Allons, n'allez vous pas vous fâcher. Voyez le grand mal ! voilà ce que c'est que d'avoir été passer quelque mois à Paris ; vous en avez rapporté une tête de fer et une estomach détestable ; je n'aime point cela, mon enfant, et, pour votre intérêt comme pour votre santé, je vous conseille de vous corriger de l'un et de l'autre.

CATHERINE.

Ah, Madame! vous me punissez bien cruellement d'une réflexion que je n'aurais sûrement pas risquée, si je n'avais trouvé mon excuse dans l'intérêt qu'inspire Mademoiselle.

ELISE, *avec dédain.*

Je suis bien heureuse de vous intéresser, madame Catherine.

CATHERINE.

Pourquoi pas, ma belle demoiselle ? il est toujours flatteur d'inspirer la bienveillance, et l'amitié d'une simple paysanne a bien son mérite, quand elle est franche et désintéressée comme la mienne.

ELISE, *la fixant.*

Catherine, vous avez beau dire, ce n'est pas à moi à qui vous ferez croire que vous soyez née précisément dans votre état ; vous ne sauriez dire deux phrases de suite sans vous trahir.

LA MARQUISE.

Ma fille a raison ; et, pour moi, j'ai pensé plus d'une fois....

CATHERINE, *coupant vivement.*

Mesdames, voici M. de Fierval.

SCÈNE XI.

LES PRÉCÉDENS, FIERVAL, HENRY, FANCHETTE.

FIERVAL *entre en riant*

Mais c'est une gageure !... je ne voulais pas le croire. (*Il salue.*) Dite-moi donc, Madame, dans quel roman pastoral avez-vous pris l'idée d'un déjeûner qui nous retranche inhumainement deux bonnes heures de repos ?

ELISE.

C'est Madame qui a desiré...

LA MARQUISE.

Comment, jeune homme, vous dormiriez encore, quand le jour est si beau, l'air si frais?... La nature....

FIERVAL.

Ah ! la nature, oui ; vous aimez la nature, belle maman, et vous avez raison; moi je l'aime assez aussi, mais pas de si bon matin.

CATHERINE.

Quand vous voudrez, Mesdames....

FIERVAL.

Eh ! voilà notre belle fermière !... Bonjour, ange de mon cœur. — M'aimez-vous toujours bien ?

CATHERINE, *lui faisant la révérence.*

Autant que vous méritez de l'être, Monsieur.

FIERVAL.

Mais c'est un aveu que cela ; je le récompen-
serai en tems et lieu. — Et cette petite Fanchette!
— toujours gentille à manger ! (*Il l'embrassse.*
Fanchette honteuse s'essuie la joue et se range contre
Catherine.)

LA MARQUISE, *assise.*

Allons, allons, étourdi, prenez-votre place.

FIERVAL, *s'asséyant, à Elise.*

A côté de vous ? — Ah! c'est trop de plaisirs
à la fois! — Mais qu'avez-vous, charmante cousine, vos beaux yeux paraissent chargés de quelque
nuage ?

ELISE, *à demi-voix.*

Quand ce ne serait que vos familiarités!....

FIERVAL.

Ah, pardon! — Mais vous connaissez bien celle
qui remplit uniquement mon cœur, qui seule
pourra jamais l'occuper .... (*Il lui baise la*
main.)

LA MARQUISE.

Mais ne vous gênez pas, Monsieur. — Ne vous
ai-je donc fait appeler que pour me rendre témoin
de vos galantes entreprises ?

(*Pendant ce dialogue Catherine et les deux autres*
servent le déjeûner.)

FIERVAL.

Témoin !.. ah!.. vous en seriez plutôt l'objet,
si... le respect... (*La Marquise lui impose silence.*)

— A propos, maman, quand donc aurez-vous pitié de nos longues amours?

ELISE, *fièrement.*

Mais, Monsieur...

FIERVAL.

Ah! oui, j'entends; vous ne voulez pas qu'on parle pour vous : la décence.... c'est juste. — Mais moi, moi, que rien n'oblige à être de mauvaise foi, je vous avouerai, belle maman, que je ne saurais plus long-tems languir dans une telle anxiété; je meurs, je brûle, je sèche!... et il faut... en honneur, il faut que vous vous décidiez sous les vingt-quatre heures, si vous ne voulez pas me voir la victime de quelque catastrophe. (*Il mange.*)

LA MARQUISE, *avec bonté.*

Fierval, si votre passion pour ma fille est aussi vive que vous la dépeignez, peut-être aura-t-elle bientôt sa récompense, car, sous huit jours, Elise sera mariée.

CATHERINE, *étonnée et triste.*

Mariée !

LA MARQUISE.

Vous en paroissez surprise.

CATHERINE.

Il est vrai, Madame.

FIERVAL.

Cependant rien n'est plus simple. Lorsqu'il existe dans le même lieu un homme aimable, une jolie personne , il doit nécessairement en résulter un mariage.... (*A part.*) ou quelque chose qui y ressemble.

LA MARQUISE.

Vous ne me paraissez pas convaincue, Catherine?

CATHERINE.

Je ne le suis pas non plus, madame.

FIERVAL.

Et pourquoi donc cela?

CATHERINE.

Ah! monsieur, il est tant de raisons pour tenir à sa liberté!

ELISE.

Il en est tant pour chercher le bonheur!

CATHERINE.

Le bonheur... avec un mari?

LA MARQUISE.

Vous croyez la chose impossible?

CATHERINE, *soupirant.*

Difficile, au moins.

FIERVAL, *à Elise.*

Ne lui trouvez-vous pas une tournure de mélancolie qui fait plaisir à voir? (*A Catherine.*) Belle Catherine, auriez-vous été trompée en amour? Ce seroit do.. ge, ma parole d'honneur.

CATHERINE, *souriant.*

Vous êtes bien bon, Monsieur. — Ce qui me

donne cette prévention, n'est autre chose que le souvenir d'une pauvre dame qui fut bien dupe et bien malheureuse.

FIERVAL.

Eh bien, vous allez nous conter cela, n'est-ce pas ?

CATHERINE.

Je ferai mieux, je vais vous le chanter.

FIERVAL.

Ah ! — Une complainte romantique.

CATHERINE.

Au contraire, la chanson est gaie.

FIERVAL.

Et le sujet est triste ? — mais c'est adorable, cela ; c'est comme à l'opéra comique.

LA MARQUISE.

Ah! voyons, voyons; il faut entendre cela.

CATHERINE.

Ecoutez.

PREMIER COUPLET.

Fille, avec ses quinze ans,
   Et d'la fortune,
En tous lieux, en tous tems,
   N'manqu'ra d'amans.
Julie, orpheline à seize ans,
Et maîtresse de ses penchans.....
Pour ell' grand'infortune !
Aime queuq'z'un tout dépourvu
   D'richesse !.....
Et qui mêm'n'avait jamais eu
   D'sagesse.

Pour d'la tendresse,
Il en avait,
Il en montrait,
Il en parlait,
Tant et si bien que la pauvrette
Un jour reçut sa foi dans
Ces lieux où de tout tems,
Ceux qu'amour guette,
Vont s'prêter un serment,
Qu'emporte l'vent.

HENRY, à *Fanchette*.

La drôle de chanson !

FANCHETTE.

Oui, drôle ! ça avance b'en nos affaires !

LA MARQUISE.

Paix donc !

II. COUPLET.

CATHERINE.

A peine ils furent unis,
Que l'Monsieur, moins épris,
Voulut tâter, à tout prix,
Des plaisirs de Paris.
Puis, achetant chez sa voisine,
L'amour qu'il inspirait chez lui,
Coquine
Le mine;
Sa ruine
Bient-tôt suivit.
Le jour, la nuit,
Seule et sans bruit,
Julie, encor réduire à feindre
Dévorait ses tourmens....
Mais, femme à dix-huit ans,

Est bien à plaindre,
Quand ses vœux innocens
Sont l'jouet des vens!

(Pendant ces deux derniers couplets, Fanchette remet dans les paniers ce qui a servi au déjeûner.)

LA MARQUISE.

Elle chante bien, au moins!

ELISE.

Mais oui, pas mal.

FIERVAL, *vivement.*

A ravir, d'honneur.

CATHERINE.

DERNIER COUPLET.

L'infidèle, sans un sou,
Ni moins fier, ni moins fou,
Un beau jour, se cassa l'cou,
On n'saurait trop dire où.
V'là quand on l'rapporte à sa femme,
Qu'elle r'çoit son dernier soupir.....
Ell' s'pâme,
Déclame,
Dans l'ame,
Jure de fuir,
De s'ensev'lir,
Et de mourir,
Fût-elle au dernier point réduite,
Loin de tous les amans;
Mais veuve à dix-neuf ans,
Qui s'fait hermite,
Peut risquer un serment,
Qu'emporte l'vent.

LA MARQUISE.

A merveille, Catherine, à merveille, en vérité.

Mais, cette chanson, qu'en dites-vous ?..... ne trouvez-vous pas qu'elle et.....

ELISE.

Singulière.

LA MARQUISE.

Singulière ! oui, en effet, très-singulière..... n'est-il pas vrai, Fierval ?

FIERVAL, *sortant de la rêverie où l'a plongé Catherine.*

Eh, oui, charmante...

ELISE, *le fixant.*

A quoi, rêvez-vous donc, Monsieur ?

CATHERINE, *à Elise.*

Eh bien, Mademoiselle, l'exemple de Julie ne vous effraie-t-il pas ?

ELISE, *froidement.*

Non, Madame Catherine, non ; on ne cède pas toujours à une folle passion, et l'on ne choisit pas toujours si mal.

CATHERINE, *avec sentiment.*

Mademoiselle, le sentiment qui laisse la liberté du choix ne fait pas plus l'éloge de celle qui l'éprouve, que du malheureux qui l'inspire.

FIERVAL, *à part, regardant Catherine.*

Cette femme a de l'originalité, je m'en occuperai.

HENRY, *qui l'observe.*

Plaît-il, Monsieur ?

FIERAL.

FIERVAL.

Tais-toi.

ELISE.

Ne rentrons-nous pas ?

LA MARQUISE.

Ah, oui, nos toilettes, tu as raison. — Adieu, Catherine..... — A propos, c'est demain la fête d'Elise, nous la célébrerons ce soir, on vous verra au château.

CATHERINE.

Aucun de nous, Madame, ne laissera sûrement échapper cette occasion d'offrir à Mademoiselle l'hommage de son respect et de son attachement.

ELISE, *attendrie*.

Je vous suis bien obligée, Catherine.
           (*A part, en s'en allant.*)
La singulière femme !

LA MARQUISE. (*Elle sort avec sa fille.*)

Adieu, adieu, Catherine : à tantôt.

CATHERINE.

A tantôt, Mesdames. Allons, Fanchette. (*Elle partage avec Fanchette ce qui reste à emporter, et prend le chemin de sa ferme.*)

FIERVAL, *qui est resté*.

Catherine ! belle Catherine !.... Ne pourrais - je vous dire ?...

C

CATHERINE, *sans quitter sa route.*

Quoi, Monsieur ?

FIERVAL.

Que vous m'avez enchanté, que jamais je n'éprouverai rien de pareil ; que mon cœur.....

HENRY.

Monsieur, ces dames vous regardent...

CATHERINE, *souriant.*

Allez, allez, Monsieur, suivez mademoiselle Elise, vous ferez beaucoup mieux que de vous arrêter ici à vous moquer de moi.

FIERVAL.

Ah ! Catherine, ne me faites pas cette injure !..., Vous ne pourriez, sans une cruauté inouïe, douter de la force d'un sentiment....

CATHERINE *rentre chez elle en reprenant son refrain.*

« La chose ne vaut pas le mot. »

FIERVAL.

Henry, suis-moi : j'ai mille choses à te dire.

HENRY, *à part, le suivant.*

Encore une sottise !

Fin du premier Acte.

ACTE II.

La scène est dans une chambre de l'intérieur de la ferme. Le cabinet de Catherine est sur un des côtés, exhaussé de quelques marches, et disposé de manière à laisser voir tout ce qui s'y passe. Une table avec des livres de compte est de l'autre côté. — Des ustensiles de fermes garnissent les murs de la chambre. — Une harpe, des livres, une table à dessiner, des cahiers de musique meublent ce cabinet.

SCÈNE PREMIÈRE.

CATHERINE, FANCHETTE.

CATHERINE.

QUOI! Charles n'est pas encore rentré?

FANCHETTE.

Pardine! il a été ici tout l'tems du déjeûner de ces dames; il s'en est allé vers midi pour finir queuque z'affaire avec les vignerons... Il y aura dîné... peut-être... y n'tardera sûtement pas à revenir.

CATHERINE, *boudant.*

Ah! quand il voudra; depuis ce matin que je l'attends pour mettre les comptes en ordre, il ne s'en est pas plus pressé.

FANCHETTE.

Dame, Madame, il a tant de chos'à penser !
il est chargé de tout, c'pauvre monsieur Charles,
et c'te ferme n'laisse pas que d'être....

CATHERINE, *avec intérêt.*

Oui, c'est une justice à lui rendre. Depuis qu'il
est ici je n'ai presque plus rien à faire. — Et,
dans ce moment-ci.... non, dans ce moment-ci
je n'ai rien à faire. — (*Distraite.*) Je vais.... je
vais m'enfermer quelques momens : Va-t'en. —
Fanchette ?

FANCHETTE, *revenant.*

Madame ?

CATHERINE.

Ecoutez, Fanchette. — Qu'est-ce que ce ton
de familiarité que je vous ai vu prendre tantôt
avec Fenry ? Vous avez rougi quand il a paru ; il
a balbutié ses réponses à notre jeune maîtresse ;
qu'est-ce que cela signifie ?

FANCHETTE, *rougissant.*

J'ons rougi quand il a paru ?

CATHERINE.

Oui, et tu rougis encore dans ce moment-ci.

FANCHETTE, *naïvement.*

Y n'y a pourtant pas de quoi, madame Catherine,
en vérité.

CATHERINE.

Je le veux croire ; mais réponds-moi ; t'aime-t-il ?

FANCHETTE, *timidement.*

Oui, madame Catherine.

CATHERINE.

L'aimes-tu?

FANCHETTE, *de même.*

Oui, madame Catherine. — (*A part.*) Courage.

CATHERINE.

Et... comptez-vous vous marier ensemble?

FANCHETTE.

Mais... oui, madame Catherine, drés qu'vous nous en aurez donné la permission.

CATHERINE.

Et si je ne vous la donnais pas?

FANCHETTE, *d'un air caressant.*

Oh, que si! — Vous étes si bonne! j'vous aim'rons tant, Henry et moi! Je serons si contente, si contente d'être sa femme!...

CATHERINE.

Fanchette!

FANCHETTE.

Madame Catherine?...

CATHERINE.

Tu ne te souviens donc plus de ce que je t'ai dit?

FANCHETTE.

De quoi donc, madame Catherine?

C 3

CATHERINE.

Que tu ne devais pas espérer de te marier jamais de mon consentement.

FANCHETTE, *triste.*

Ah !... je l'avions oublié, madame Catherine.

CATHERINE.

Eh bien, ressouviens - t'en, et ne l'oubl ieplus.

FANCHETTE, *effrayée.*

Aga ! — Quoi ! sérieusement ?...

CATHERINE.

Très-sérieusement.

FANCHETTE.

Mais par qu'eu raison ?

CATHERINE.

Point de questions inutiles ; songes seulement à ce que je te dis.

FANCHETTE.

Hélas, mon Dieu ! j'n'y songeons qu'trop !... Ce pauvre Henry !... Si vous saviez l'chagrin qu'ça l'y fera ... Il avait cru, & moi d'même, que peut-être ne seriez-vous pas toujours si fort fâchée contre les hommes, et qu'en vous r'accommodant avec l'mariage, vous nous auriez laissé faire connaissance avec lui...

C A T H E R I N E, *vivement.*

Moi ! moi, me remarier !...

F A N C H E T T E, *saisissant le mot, à part.*

Remarier !

C A T H E R I N E, *continuant.*

Jamais ! Non, jamais homme ne me reverra sous sa dépendance, & plût au Ciel, qu'il me fût permis de rompre jusqu'au dernier lien qui m'attache encore à leur société..... Charles ne revient pas !

F A N C H E T T E, *souriant.*

Vous ne voulez plus vivre parmi les hommes, et v'là qu'vous en demandez un.

C A T H E R I N E.

C'est différent ; celui-là est nécessaire ici.....

F A N C H E T T E, *pleurant presque.*

Et si Henry m'est nécessaire, à moi, comment donc ferai-je pour m'en passer ?

C A T H E R I N E, *sérieusement, et s'attristant peu-à-peu.*

Je ne m'attendais pas à tant d'opiniâtreté..... Eh bien, mademoiselle, suivez votre penchant ; épousez votre cher Henry ; je n'en ferai pas moins pour vous tout ce qu'il sera en mon pouvoir de faire pour adoucir d'avance les maux que vous vous préparez ; mais, une fois en ménage, ne cherchez

C 4

point à me voir, à venir me raconter vos peines ;
je ne veux point joindre au souvenir de mes malheurs, le tableau de ceux d'un enfant à qui je
m'étais attachée. Vous ne m'avez point payée de
retour, vous voulez quitter celle qui, jusq'à la
mort, vous eût tenu lieu de mere et de famille....
Quitte-la mon enfant, quittez-la; ce ne sera pas le
premier bienfait dont on m'aura punie.

FANCHETTE, *sanglottant.*

Eh dieu ! madame Catherine, qu'est-ce que je
vous avons fait pour nous dire d'pareilles choses ?...
Helas ! pardonnez-nous, pardonnez à Fanchette,
si elle vous a offensée ! j'aimons mieux r'noncer
pour toute not'vie et à l'amour, et aux hommes,
et à tout l'monde, que d'donner j'amais l'moindre chagrin à not'bonne maitresse... Pardon, pardon, cent fois pardon !.....*Elle se met à genoux.*

CATHERINE, *attendrie.*

Lève toi.... lève toi, mon enfant.... je ne sais
pourquoi je t'ai dit tout cela... Leve toi donc,
Fanchette, c'est moi qui me repens de t'avoir
fait de la peine.... Tu vois bien que nous ne de-
vrions jamais parler de mariage, tu le vois bien...
Nous n'en parlerons plus, n'est ce pas ? allons,
allons, essuie tes yeux, embrasse-moi, et que tout
soit fini.

FANCHETTE, *après l'avoir embrassée.*

Oh ! j'vous en répons que j'n'en parlerons plus...
Oh mon dieu ! (*Elle soupire.*) J'allons nous re-
mettre à l'ouvrage, madame Catherine ; et vous

CATHERINE.

Moi, je vais m'enfermer quelques momens dans mon cabinet; qu'on ne m'interrompe pas; j'ai besoin d'être à moi-même. (*Elle passe la main sur son front, monte quelques marches, et se retourne.*) Ah!... quand il plaira à Charles de revenir, tu lui dira que ses comptes ont besoin... Non, non, ne lui dis rien, je m'en charge.

FANCHETTE.

Oui, madame Catherine, (*Seule.*) Ah, Dieu! Dieu mon sauveur! qu'est-ce que j'allons devenir! Ce pauvre Henry!... ce cher monsieur de Lussan!... Ah, jamais... non, jamais, il n'y a pas moyen. (*Catherine entre dans son cabinet, disparaît durant une partie de la scène suivante, et vient ensuite se mettre à dessiner.*)

SCÈNE II.

LUSSAN, FANCHETTE.

LUSSAN, *arrivant avec précipitation.*

Ah, te voilà, Fanchette ?

FANCHETTE.

Paix, paix, Monsieur, madame Catherine est là.

LUSSAN, *agité.*

Elle est là, dis-tu ?... Tant mieux, je vais lui parler.... lui parler!... j'en ai grand besoin !

F A N C H E T T E.

Qu'est-ce donc qui vous est arrivé, Monsieur?...
vous v'la tout je n'sai comment.

L U S S A N.

Je suis dans la crise que j'appréhendais ce
matin. Je viens d'avoir avec madame d'Armincourt
une conversation où toute ma prudence a pensé
me trahir. Elle sembloit vouloir pénétrer mes sentimens ; elle m'a pressenti pour une décision pro-
chaine ; et, durant le dîner, Elise n'a rien oublié
pour me ramener vers elle. J'ignore d'où lui vient
ce caprice, je ne sais à quoi attribuer .... Je
suis au désespoir.

F A N C H E T T E.

Hélas, Monsieur, je n'avons pas d'meilleures
nouvelles à vous donner. Madame Catherine vient
tout à l'heure de me parler sur l'amour, sur
l'mariage. J'ons voulu profiter, l'y dire ce que j'en
pensions ; elle m'a traitée !... Tenez, voyez mes
yeux, ils sont tout rouges...

L U S S A N.

Je veux m'expliquer avec elle. Il le faut. Je
le veux absolument : je ne saurais tenir plus long-
temps à un pareil état ; et, d'après ce qui se passe
au château, il faut que mon sort soit décidé ici...
aujourd'hui même.

F A N C H E T T E.

Monsieur, vous allez tout gâter. Pour l'amour
de Dieu, prenez-y garde, n'allez pas courir
l'risque.

LUSSAN.

Non, non. — Laisse-moi.

FANCHETTE.

Vous êtes trop ému, Monsieur, j'craignons.

LUSSAN.

Laisse-moi, te dis-je.

FANCHETTE.

Adieu donc. — Au moins n'lui parlez-pas tout d'suite. — Elle a dit comme ça qu'y n'falloit pas la déranger, qu'elle voulait être avec elle seule.

LUSSAN.

Non, non; j'attendrai; je travaillerai en attendant qu'elle descende.

FANCHETTE.

Allons .... j'vous laissons..... Adieu donc ; Monsieur. (*Elle sort, en témoignant son inquiétude.*)

SCENE III.

LUSSAN, *à la table, à écrire.* — CATHERINE, *dessinent dans son cabinet.*

LUSSAN. (*Il arrange des papiers, compté, écrit, et s'interrompt de temps en temps pour parler.*)

OUI, oui... je lui parlerai. — Je verrai... je pénétrerai peut-être ... Mais comment oserai-je ? ...

moi, qui jamais... Ah, j'ai souvent éprouvé, et sur-tout auprès d'elle, que c'est toujours au moment où la pensée abonde, que la parole se refuse.

CATHERINE.

La charmante chose que les arts ! Non, il n'est point de passion si forte, de peine si cuisante, dont leur secours ne puisse distraire ou consoler.

LUSSAN.

Et cette jeune personne, de qui j'ai recherché la main, qui semble vouloir réclamer le sentiment qui a guidé mes premières démarches !..

CATHERINE, *regardant son ouvrage.*

Cette tête est charmante !... Voyons pourtant si, avec d'autres traits.... (*Elle crayonne un autre papier.*)

LUSSAN.

Encore, si elle était plus riche, si Fierval avait plus de fortune, ma délicatesse ne seroit point soupçonnée, et je serais tranquille sur son sort.

CATHERINE, *regardant ce qu'elle vient de faire.*

J'ai beau faire, rien de nouveau ne s'offre à mes crayons. Ce sont toujours les mêmes yeux, la même bouche.... (*Elle reprend l'autre dessin.*) Elle n'est vraiment pas mal cette tête.... C'est singulier qu'un homme du commun.... Ah!... (*Elle se lève.*) En vérité, je ne sais à quoi je songe. — Voyons ma harpe.

LUSSAN.

Mais cette femme, cette femme, loin de qui

je sens que je ne pourrais plus vivre, qui me déteste peut-être.... Non.... oh, non, elle ne me déteste pas ; on n'inspire point un pareil sentiment sans en ressentir une partie.... et si je ne m'abuse pas, si tel est mon bonheur, ô Catherine! qui que tu sois, je te promets, je te jure que rien au monde ne m'empêchera d'unir ma destinée à la tienne.... (*Catherine prélude.*) Qu'entends-je.... une harpe.!... c'est elle.... elle va chanter peut-être.... écoutons.

CATHERIENE , *à elle-même, avant de chanter.*

Talent chéri ! charme secret de ma triste existence! sois encore l'interprète et la consolation d'un chagrin dont je n'ose approfondir la cause.

LUSSAN.

Si je pouvais entendre ce qu'elle dit !..... Ah ! (*Il écoute.*)

CATHERINE *chante en s'accompagnant.*

PREMIER COUPLET.

Au tems orageux des folies,
J'osai me choisir un vainqueur;
Victime de ses perfidies,
Sa mort détruisit mon erreur.
Mais mon sort fut digne d'envie,
Tant qu'il partagea mon ardeur;
Dans tous les instans de la vie,
L'amour seul fait le bonheur.

LUSSAN , *à lui-même.*

Quelle voix enchanteresse !.... jamais paysanne a-t-elle su chanter comme cela !

CATHERINE.

DERNIER COUPLET.

De mes tourmens enfin guérie,
Je respirais depuis deux ans ;
Mais de ce monde qui m'oublie,
J'ai conservé tous les penchans :
Et, malgré ma philosophie ,
Hélas! je le sens a mon cœur!....
Dans tous les états de la vie,
L'amour seul fait le bonheur.

LUSSAN, *hors de lui , répète doucement le refrain.*

L'amour seul fait le bonheur.

CATHERINE, *étonnée, quittant sa harpe.*

Qui m'écoute ? (*Elle regarde.*) Quoi ! c'est vous, Charles ?

LUSSAN, *embarrassé.*

Vous chantiez.... ce refrain est à la portée de tout le monde... je le répétais.

CATHERINE, *descendant du cabinet.*

Fort bien; mais y a-t-il long-temps que vous êtes arrivé ?

LUSSAN.

Quelques instants avant le premier couplet de votre romance. Elle est bien jolie !

CATHERINE, *vivement.*

Vous l'avez entendue toute entière ?

LUSSAN, *avec passion.*

Je n'en ai pas perdu un mot.

CATHERINE, *à part.*

Imprudente !...(*Haut.*) Charles, je ne suis pas contente de vous; non-seulement vous abusez de la permission que je vous ai donnée de vous retirer chaque soir chez vos parens, mais vous manquez encore les heures où vous devriez être ici dans la journée, cela n'est pas bien.

LUSSAN.

Ah ! pardon. — Il est vrai que l'obligation où je suis d'aller passer toutes les nuits à Lussan, retranche beaucoup du tems que je voudrais pouvoir vous consacrer; mais mon devoir n'en souffre pas. J'ai terminé ce matin avec Robert ; je viens de voir nos vignerons, et voici les comptes, auxquels il reste peu de chose à ajouter pour qu'ils soient en ordre. Croyez, je vous en supplie, que mon plus grand chagrin serait de vous voir en colere contre moi.

CATHERINE.

De la colère contre vous ?... En vérité, Charles, je suis bien éloignée d'en avoir.... Voyons les comptes.

LUSSAN.

Les voici. Il ne reste, comme vous voyez, que ce que vous avez pris la peine d'écrire vous-même ce matin sur cette feuille séparée, et que je vais transcrire ci-contre.

CATHERINE.

Voilà qui est bien. Transcrivez-le promptement, et faites ensuite un compte précis et clair des pro-

duits de l'année. En allant ce soir au château ;
je le mettrai sous les yeux de Madame.

LUSSAN, *effrayé.*

Vous allez ce soir au château ?

CATHERINE.

Oui. Vous m'avez marqué quelque répugnance
à y paraître ; je profite de l'occasion qui se presente
pour faire moi-même une commission dont il
me semble que vous ne vous souciez point.

LUSSAN, *se mettant à écrire.*

Il est vrai.... je n'aime pas le grand monde.

CATHERINE, *soupirant.*

Ni moi non plus. (*Elle prend un ouvrage d'ai-
guille, et va s'asseoir à l'autre coin du théâtre.*)
Mais c'est demain la fête de notre jeune maîtresse :
nous y étions tous l'an passé, il faut bien que j'y
sois encore cette année-ci : et puis, on parle de
noce, de mariage.... Madame sera peut-être bien
aise de savoir à quoi s'en tenir sur l'état exact de
de ses revenus ; je le lui porterai, et.... A quoi
rêvez vous donc, Charles, vous n'écrivez plus ?

LUSSAN, *troublé.*

Je ne m'en défends pas. J'ai dans cet instant-ci
de tels sujets de préoccupation.... qu'il m'est impossible de rien faire.

CATHERINE, *avec bonté.*

Eh bien, eh bien, reposez-vous. Est-ce donc
une tâche que je vous impose? Laissez ces comptes.
— Vous me regardez !... vous êtes ému !....
Qu'avez-vous Charles? vous m'inquiétez.

LUSSAN.

LUSSAN.

Madame....

CATHERINE.

Avez-vous quelque chose à me dire ?

LUSSAN.

Oui, Madame.

CATHERINE, *avec intérêt.*

Eh bien, parlez : ne suis-je pas votre amie ?... venez ici, Charles, causons ensemble. (*Elle quitte son ouvrage et lui montre une chaise près d'elle.*)

LUSSAN, *à part, en s'asseyant.*

Dieu, par où commencer !

CATHERINE, *à part.*

Mais pourquoi donc le cœur me bat-il comme cela.

LUSSAN.

Madame....

CATHERINE.

Quoi ?

LUSSAN.

(*A part.*) Dissimulons encore, s'il est possible. (*Haut.*) Madame.... j'ai à vous consulter sur un projet qui me chagrine plus que je ne saurais le dire. Vous m'avez témoigné tant de bontés depuis que mon bonheur m'a placé près de vous, que je n'hésite point à vous donner ma confiance, et j'espère....

D

CATHERINE, *intriguée.*

Voyons, Charles, de quoi s'agit-il ?

LUSSAN.

Cette vieille tante chez laquelle je demeure... et de qui j'attends le peu de fortune qui m'est réservé.

CATHERINE.

Eh bien ?...

LUSSAN.

Elle veut me marier.

CATHERINE, *extrêmement étonnée.*

Vous ?

LUSSAN.

Moi-même.

CATHERINE.

Ah !... et vous venez me consulter là-dessus ?

LUSSAN.

Oui, Madame ; j'ai cru...

CATHERINE, *avec une sorte de dépit.*

Eh, mon Dieu ! mon cher ami, on n'a d'avis à prendre que de soi-même, en pareil cas. Votre tante veut vous marier, dites-vous, et cela vous chagrine ?... Non, non, mon ami, cela ne vous chagrine pas. Votre tante veut votre bien ; elle vous aime ; elle vous aura, sans doute, découvert une fantaisie pour quelque jeune fille bien fraîche, bien niaise, bien crédule, que vous adorerez le premier mois de votre union, que vous négligerez

le second, et que vous délaisserez le troisième,
c'est tout simple; il n'y a rien dans tout cela que
de fort ordinaire, et je m'étonne que vous ayez
cru nécessaire de me consulter sur de pareilles
choses.

LUSSAN.

Mais, Madame....

CATHERINE, *reprenant vivement.*

Peut-être avez-vous craint que je ne voulusse
pas vous donner votre congé.... il ne fallait pas
tant de façons pour me le demander : Charles,
vous êtes libre, on ne peut pas plus libre....
Mais il faut avouer que voilà une journée bien
extraordinaire. Il semble qu'il y ait dans tout ce
qui m'environne un vertige de mariage qui me
poursuit et me désole!.... Eh, mariez-vous,
mariez-vous donc tous une fois, et qu'on me
laisse en repos.

LUSSAN, *s'approchant d'elle, et d'un air de
confidence.*

Mais prenez donc garde que si j'étais décidé,
je ne vous consulterais pas; que je suis bien loin
de consentir au mariage proposé; que j'y résiste
de toutes mes forces, et que ma résistance ne
prend sa source que dans une passion qui fait le
tourment de ma vie, et dont je n'ai encore parlé
à personne.

CATHERINE, *d'un ton doux.*

Ah, voilà qui est différent. — Ce pauvre
Charles! — Vous aimez, mon ami?

L U S S A N , *enhardi.*

J'aime une femme.... que je ne connais pas encore.... et qui, pourtant, semble gagner à se faire connaître ; une femme dont l'esprit et le caractère suffiraient pour captiver mon hommage, quand ses attraits ne m'auraient pas déjà séduit ; une femme, enfin, à qui l'on ne peut rien reprocher.... que le mystère profond qui l'environne ; mystère qui donnerait lieu à d'étranges conjectures, si la vertu la plus sévère ne dictait toutes ses démarches, et si, dès long-temps, elle n'avait manifesté contre les hommes une prévention.... dont je suis la première et la plus malheureuse victime.

C A T H E R I N E , *embarrassée.*

Savez - vous , Charles .... que vous parlez bien ?

L U S S A N , *avec tendresse.*

Ah ! je parlerais bien mieux, si l'on daignait me répondre.

C A T H E R I N E , *troublée.*

Les réponses qui frappent l'oreille ne sont pas toujours les plus expressives.

L U S S A N , *avec feu, et lui prenant la main.*

Non , sans doute, et si j'osais me livrer...

C A T H E R I N E , *d'un air imposant.*

Laissez ma main, Charles. — Eh bien , donc , cette femme qui ne vous répond pas.... dites-moi.... est-elle riche ?

LUSSAN, *se contraignant.*

Elle l'est pour moi, du moins ; c'est ce qui m'a long-temps retenu. — Je n'ai presque rien à espérer, et j'ai craint que l'offre du peu que je vaux ne lui parût indigne d'elle.

CATHERINE, *avec sentiment.*

Détrompez-vous, Charles ; les femmes sont naturellement tendres et généreuses, et j'en connais pour qui l'amour d'un homme honnête et malheureux est cent fois plus à craindre que l'hommage fastueux de toutes les richesses de la terre. — Mais....

LUSSAN.

Continuez, je vous en prie.

CATHERINE, *s'animant par degrés.*

Où trouver un cœur vraiment sincère ? Quel est l'homme qui, dans sa vie, n'ait pas eu à se reprocher le malheur d'une femme ? Quelle est la femme qui n'ait pas, une fois, été victime de sa sensibilité ? Et l'on s'étonne qu'elles deviennent fausses, méchantes, coquettes...... quelquefois pis encore !.... tout dépend du premier pas qu'elles font dans le monde. Uniquement livrées à l'attrait enchanteur d'un sentiment dout leur cœur est avide, à cet âge sur-tout où elles n'attendent que le plaisir et ne conçoivent que le bonheur, leur destinée entière est attachée aux suites de cette fatale impression ; et telle, qui, heureuse et récompensée dans son choix, eût passé doucement la vie entre les devoirs charmans d'un véritable amour et les jouissances inappréciables de la vertu, irritée et avilie par la conduite de son séducteur, se voue à tous les vices dont cet exemple affreux lui a tracé la route, et se venge ainsi de ses peines passées sur tout ce que le pouvoir de ses charmes lui fait trouver de dupes et de victimes.

LUSSAN, *effrayé.*

O Ciel! auriez-vous été exposée à ces horreurs, et jamais l'idée d'une telle vengeance....

CATHERINE, *avec noblesse.*

Non ; je n'ai rien à me reprocher; ce témoignage consolant m'a suivi par-tout et me soutient encore. Mais la séduction, les dédains, l'abandon, l'ingratitude la plus basse, j'ai tout éprouvé. — Ah!... Charles..... Charles..... combien j'ai souffert !

LUSSAN, *avec le plus grand intérêt.*

Parlez ; épanchez enfin dans mon sein ce secret inconcevable pour tout le monde. Jamais ami plus tendre ne mérita mieux d'en être dépositaire.

CATHERINE, *avec abandon.*

Je vous crois. L'éloignement que j'ai conçu pour la société, la misantropie qui me fatigue, et à qui pourtant je suis redevable du repos que j'ai goûté quelque temps , ne tiennent pas contre la confiance naïve que vous m'avez témoignée.... Apprenez donc, Charles, que je ne suis point ce que je parais être, qu'un nom illustre , une fortune immense furent autrefois..... On vient..... Ah! Ciel!

LUSSAN, *à part.*

Quel contre-temps ! (*Il se remet à écrire... Catherine reprend son ouvrage.*)

SCÈNE IV.

LES PRÉCÉDENS, HENRY, FANCHETTE, *qui se disputent.*

FANCHETTE, *voulant empêcher Henry d'entrer.*

MAIS quand j'vous disons qu'ç'a n'se peut pas.....

HENRY.

Eh, parbleu, mamz'elle Fanchette, l'aissez-moi donc lui parler : on n'a j'amais vu tant de cérémonies chez une fermière.... Pardon, madame Catherine ; c'est que mamz'elle Fanchette voulait m'empêcher de faire une commission qui intéresse infiniment le repos de mon maître... à ce qu'il dit, du moins... Il s'agit d'une lettre que voici, et dont il attend la réponse.

CATHERINE, *étonnée.*

Une lettre... à moi ?

HENRY.
Oui, Madame.

CATHERINE.

De votre maître ?

D 4

HENRY.

Oui, Madame, de M. de Fierval : je l'ai vu écrire.

CATHERINE, *la décachetant.*

Voyons donc !... (*Elle lit.*)

LUSSAN, *vivement, à part.*

Fierval !

HENRY *prête l'oreille.*

Hein ? (*Il apperçoit Lussan.*) Oh, oh !

FANCHETTE, *à demi-voix.*

Paix !

HENRY, *sur le même ton, à Fanchette.*

Par quel hasard M. de Lussan....

FANCHETTE, *impérativement.*

Paix, vous dit-on.

HENRY.

Mais je vois...

FANCHETTE, *en colère.*

Vous voyez d'travers.

HENRY, *un peu plus haut.*

Mais quand le diable y serait, je vois M. de Lussan.

FANCHETTE, *outrée.*

Et moi j'vous disons que c'n'est pas lui, que j'vous l'soutenons, et qu'vous l'croirez.

HENRY.

Ah ça , expliquons-nous. Pourquoi fallait-il que je l'eusse vu ce matin , et pourquoi faut-il que je ne le voie pas maintenant ?

CATHERINE, *sans quitter sa lettre.*

N'interrompez donc pas ce pauvre Charles.

HENRY, *stupéfait.*

Charles !....

FANCHETTE.

Oui , Charles ; y êtes-vous ?

HENRY, *regardant Catherine et Lussan.*
Ah, ah !

LUSSAN, *donnant une bourse à Fanchette.*
Qu'il prenne et se taise.

FANCHETTE, *bas à Henry.*

Tenez, prenez, et mentez, si c'est possible.

HENRY, *refuse la bourse en riant.*

Je n'en veux pas ; j'aime mieux mentir pour rien.

FANCHETTE.

A la bonne-heure. (*Elle reporte la bourse à Lussan, qui veut la lui faire garder ; elle la refuse aussi.*)

CATHERINE , *à elle-même, en finissant sa lettre.*

Quel style !... quelles mœurs ! — Et madame d'Armncourt sacrifierait sa fille à un pareil homme !..

H E N R Y.

Eh bien, madame, la réponse?...

C A T H E R I N E.

Dites à votre maître, M. Henry, que je la lui porterai moi-même ce soir.

H E N R Y.

Où, Madame?

C A T H E R I N E.

Au château.

H E N R Y.

A quelle heure?

C A T H E R I N E.

A l'heure où tout le monde s'y rendra.

H E N R Y.

Dans quel endroit?

C A T H E R I N E, *froidement*.

Vous le verrez. (*Elle reprend sa lettre.*)

H E N R Y, *en s'en allant, demande à Lussan :*

M. Charles n'a rien à faire dire au Château.

L U S S A N, *bas à Henry*.

Pardonnez-moi. — Une place à mon service, ou vingt coups d'étrivière à vous offrir.

H E N R Y *salue, et se retourne vers Fanchette*.

Et mam'zelle Fanchette?

F A N C H E T T E.

Ma foi de mariage, ou cent soufflets... (*Voy ez.*

H E N R Y *salue en riant, et sort*.

Mon choix est fait; j'ai l'honneur d'être....

SCÈNE V.

LES PRÉCÉDENS, hors HENRY,

CATHERINE, *sérieuse.*

VOTRE Henry s'est chargé là d'une vilaine commission, Fanchette.

FANCHETTE, *honteuse.*

Si j'savions c'que c'est, madame Catherine, j'l'en avertirions, à cette fin qu'y s'en méfie une autre fois.

LUSSAN, *inquiet.*

Ce message renferme donc quelque chose d'extraordinaire ?

CATHERINE.

Oh ! mon dieu non ; rien de si commun, au contraire, que de voir de jeunes gens sans honneur s'imaginer que toutes les femmes leur ressemblent ; mais leurs outrages n'atteignent que celles qui sont à leur portée ; je suis bien au-dessus de cela. Lisez, vous verrez.

LUSSAN *prend la lettre et lit.*

« Vous êtes aimable à miracle, et je suis amou-
» reux comme cent. Nos âges, nos agrémens, no-
» tre genre d'esprit, tout s'accorde : il n'est guè-
» res que nos existences morales qui diffèrent un

» peu ; mais mon amour se résout volontiers à
» franchir la distance qui nous sépare, et n'exige
» même pas que vous lui en teniez compte. Fiez-
» vous au serment que je vous fais de vous aimer
» jusqu'à l'éternité, et, de pl   , soyez certaine
» que le mariage de convenance qu'on me fait con-
» tracter avec cette petite Elise, ne m'empêchera
» pas de passer ma vie à vos pieds. Adieu, con-
» sultez-vous, j'attends votre décision avec une
» impatience inimaginable.

FIERVAL.

(*A part.*) L'insolent ! (*Haut, rendant la let-tre.*) Il ne faut qu'un cœur pour sentir que l'amour ne s'exprime pas ainsi.

FANCHETTE, *riant.*

La drôle de lettre, j'n'y comprenons rien.

CATHERINE.

Cette lettre, mon enfant, doit être pour vous une raison de plus de fuir Henry: le valet d'un pareil homme ne sauroit vous convenir.

FANCHETTE, *tristement.*

Eh, mon bon Dieu, j'vous obéirons, s'il le faut absolument. . . . mais le voilà qui r'vient, j'crois. . . . (*Courant à Henry.*) Oui, vraiment, oui, c'est lui-même.

LUSSAN, *regardant vers la porte.*

Il ramène quelqu'un !

CATHERINE.

Quelqu'un ? qui donc ?

SCÈNE VI.

LES PRÉCÉDENS, HENRY, BONIFACE D'ORNEVILLE.

HENRY, *aidant l'armateur à marcher.*

ENTREZ, entrez, Monsieur, vous serez mieux ici. Madame Catherine, voilà un Monsieur que je viens de trouver à deux pas : sa chaise s'était rompue, je l'ai vu dans l'embarras, je l'ai aidé à s'en tirer, et je vous l'amène : vous voulez bien permettre qu'il se repose un instant chez vous, n'est-ce pas ?

CATHERINE.

Comment donc, Henry, c'est un vrai service que vous me rendez. — (*A Boniface.*) Asseyez-vous, Monsieur, asseyez-vous. Comme vous êtes ému !.... voudriez-vous prendre quelque chose ? n'êtes-vous pas blessé ? une pareille chûte....

BONIFACE. (*Il a toujours le ton de la bonté et de la brusquerie.*)

Oh, ce n'est rien : grand merci. — Je me suis peut-être un peu froissé la cheville.... ce n'est rien. — Si vous vouliez seulement me faire donner un coup à boire ; j'ai une soif de tous les diables.

CATHERINE, *avec empressement.*

A l'instant, Monsieur. — Fanchette ? vîte un verre, une assiette... Charles, tenez compagnie à Monsieur... Je vais.... A l'instant, Monsieur, à l'instant ; ne vous impatientez pas. (*Elle va chercher du vin, tandis que Fanchette rince un verre.*)

BONIFACE, *la regardant aller.*

Elle est obligeante, cette femme.... elle est jolie... qui est-elle ?

HENRY.

Monsieur, c'est notre fermière.

LUSSAN, *avec intérêt.*

Oui, Monsieur, c'est une fermière....

BONIFACE.

Je le crois. — Elle me revient fort. — Mais où suis-je, ici, précisément ?

• HENRY.

A la ferme d'Armincourt, château qu'on trouve à deux cents pas d'ici.

BONIFACE, *joyeux.*

Je suis à Armincourt!... le Ciel en soit loué ! Ma chaise a bien fait de se rompre ; me voilà au bout de mes courses.

LUSSAN.

Monsieur a des connaissances au château ?

BONIFACE, *en riant.*

Oui, j'y ai quelques petites connaissances ; ma sœur et ma nièce, par exemple.

LUSSAN, *à part.*

Ah, Ciel !

BONIFACE, *continuant.*

Mais, admirez un peu la bizarrerie de mon étoile, qui, durant dix longues années, me pousse d'un

pôle à l'autre, me rend le jouet de tous les événemens connus, me permet à la fin de réaliser une
somme de deux ou trois misérables millions, qui
m'ont coûté plus de peines à amasser !.... J'arrive
en France, je cours à Paris, dans l'espérance d'y
retrouver un fils que j'avais peut-être abandonné
un peu trop durement... je cherche... je m'informe...
Bah ! il est mort ; sa veuve est au diable ; et me
voilà, moi, le bec dans l'eau, ne sachant que faire
de ma fortune. Je me rappelle pourtant, un beau
jour, que j'ai, au fond du Berry, une sœur et une
nièce qui meurent de faim au sein de l'héritage de
leurs ancêtres.... J'accours partager avec elles le fruit
de mes travaux roturiers ; et peu s'en faut qu'un
maudit postillon, que le Ciel confonde, ne me casse
une jambe à leur porte. (*Ici, Catherine et Fanchette
rentrent.*) — Bien obligé, Mesdames. (*Il boit.*) Ah!
Il est bon ce vin. (*Il rend son verre.*) Je vous remercie.

CATHERINE.

Comment vous sentez-vous, à présent, Monsieur?

BONIFACE.

Mieux, beaucoup mieux : ce verre de vin m'a
fait grand plaisir ; je mourais de soif.

CATHERINE.

Vous le trouvez donc passable?

BONIFACE.

Excellent, d'honneur.

CATHERINE, *lui reversant à boire.*

Eh bien, buvez-en encore un coup; cela ne
peut pas vous faire de mal.

B O N I F A C E , *gaiement.*

Ma foi , je le veux bien ; vous l'offrez de si bonne grace, qu'en vérité... (*Il boit*) En voilà assez.

H E N R Y.

Si vous le permettez, Monsieur, j'aurai l'honneur de vous conduire au château ; j'en suis.

B O N I F A C E.

Très-volontiers, mon ami , très-volontiers ; mais, avant de m'y rendre.... dites-moi un peu, mes enfans, ma sœur est-elle aimée ici ? ma nièce est-elle gentille, affable, bienfaisante ? ....vous devez en savoir quelque chose ; dites-le moi sans façon , vous me ferez plaisir.

C A T H E R I N E , *étonnée.*

Monsieur parle de madame d'Armincourt et de sa fille ?

B O N I F A C E.

Oui , ma sœur et ma nièce. Si , par hazard , elles étaient fières , orgueilleuses , dures envers leurs paysans, je repars aussi vite que je suis venu , et vais jeter un bienfait par-tout où je trouverai un malheureux...et, Dieu merci, il n'en manque nulle part ; — si , au contraire , elles sont telles que je desire les voir, si je trouve enfin leur éloge dans vos cœurs, je ne viens augmenter leur fortune que pour leur donner les moyens d'accroître la vôtre ; ainsi, parlez, je vous le répète, vous me ferez plaisir.

C A T H E R I N E.

Oh ! madame la Marquise est une bien bonne maitresse !

H E N R Y.

HENRY.

Le soutien des pauvres !

FANCHETTE.

La mère des orphelins !

LUSSAN.

La meilleure des femmes.

BONIFACE.

Et sa fille !... vous ne m'en dites mot !.... (*Ils se regardent.*) C'est clair.

CATHERINE, *vivement.*

Pardonnez-moi, Monsieur ; elle est charmante, n'est-il pas vrai, Charles ?

LUSSAN, *vivement.*

Oui..... oui ; elle est fort bien.

BONIFACE.

Mais ce n'est pas son visage qui m'inquiète ; noir ou blanc, beau ou laid, que m'importe ?..... Mais les dons solides, essentiels, les qualités de l'ame, c'est de cela que je m'informe, c'est de cela dont je voudrais vous voir tous répondre ; et il me semble......

CATHERINE, *avec bonté.*

Ah Monsieur, elle est encore bien jeune ; mais nous ne doutons pas qu'un jour son caractere, soutenu de vos avis et des exemples de sa mere, ne réponde bientôt aux charmes de son aimable figure.

BONIFACE.

Vous la défendez ; ... c'est fort bien. — Parle-t-on de la marier bientôt ?

CATHERINE.

Mais oui, Monsieur ; vous trouverez au château deux personnes entre qui Madame ne doit pas tarder à faire un choix. — Un certain M. de Fierval, et le seigneur d'un petit village à deux lieues d'ici, qu'on nomme Lussan.

BONIFACE, *d'un air mémoratif.*

Lussan.

LUSSAN, *vivement.*

Oh, pour celui-là, il n'en faut plus parler ; je doute que Monsieur le voie au château.

BONIFACE.

Pourquoi donc ?

HENRY, *saisissant l'idée de Lussan.*

Ma foi, il feroit tout aussi bien de ne s'y plus remontrer ; madame Elise ne l'aime pas, dit-on, et pour être simple témoin du mariage de son rival, ce n'est pas la peine.

BONIFACE.

Tant pis ; ma nièce a très-mal fait d'éconduire ce jeune homme : ce doit être un garçon estimable ; je crois en avoir entendu parler...oui, j'en ai entendu parler dans mon passage à Paris, on m'en a dit du bien. ... Allons, allons, je vais m'informer de tout cela au juste... (*A Catherine.*) Adieu Madame ; je vous remercie de tout mon cœur ; vous êtes polie, avenante, et puis vous avez un certain air...

de certains traits... Je reviendrai, je reviendrai souvent à votre ferme... vous le voulez bien, n'es-ce pas?... Adieu, adieu Madame. (*A Lussan.*) Bon-jour, Monsieur. — (*A Henry.*) Donnez-moi votre bras, mon garçon. (*Il va pour sortir et rencontre Fierval.*) Qu'est-ce c'est que ce Monsieur?

CATHERINE, *étonnée.*

C'est M. de Fierval!

LUSSAN, *à part.*

Fierval!... Je suis perdu!

_____

SCÈNE VII.

LES PRÉCÉDENS, FIERVAL.

(*Au moment où Fierval commence à parler, Henry et Fanchette se rapprochent, d'un c.. i.. tiet.*)

FIERVAL.

Je viens savoir si ce coquin d'Henry.... (*Il passe devant Boniface pour aller à Catherine, et voit Lussan.*) Pardon, Monsieur. — Ah, ah!... Mais non... Si fait... Eh, parbleu, c'est lui, c'est Lussan.

CATHERINE et BONIFACE.

Lussan!

FIERVAL, *riant.*

Que faites-vous donc ici?

LUSSAN, *d'un air calme.*

J'attends, Monsieur, que vous m'ayez appris ce que vous venez y faire vous-même.

E 2

FIERVAL, *riant.*

Ma foi, je ne sais pas si le même objet nous y
attire; mais, en tout cas, la rencontre est plaisante.
(Il rit plus fort.)

BONIFACE, *riant aussi.*

Et sur-tout pour moi. — (*Les saluant*) Messieurs,
je suis enchanté de faire connaissance avec vous.
C'est donc vous qui recherchez la main de ma
nièce ?

FIERVAL, *surpris.*

Votre nièce, Monsieur!

BONIFACE, *le regardant de la tête aux pieds.*

Oui, ma nièce Elise d'Armincourt. — Je lui en
ferai mon compliment. (*A Catherine.*) Ah, ah!
la belle fermière, vous ne nous disiez pas que ces
Messieurs..... Mais c'est tout simple, au surplus,
c'est tout simple, quand une femme est jolie,
on la dispense d'être sage.

CATHERINE, *à part.*

Où me cacher!

FANCHETTE, *bas à Henri.*

Tirez-nous donc d'là, Henry!

HENRY, *de même.*

Aidez-moi donc.

LUSSAN, *à Boniface.*

Modérez vos expressions, Monsieur; si mon dé
guisement paraît déposer contre Madame, c'est à
tort que vous la soupçonneriez d'y être pour quelque
chose : elle n'en savait rien, et l'ignorerait encore,
sans l'indiscrette visite de Monsieur.

HENRY, *bas à Fierval.*

Oh ! ça, c'est vrai ; car ce n'est que pour me souffler ma maitresse, qu'il.....

FANCHETTE, *joignant les mains, à Fierval.*

N'nous perdez pas d'honneur, Monsieur, j'vous en supplions !

FIERVAL, *riant encore plus.*

Quoi ! sérieusement !.... c'est pour cette petite Fanchette que....... Ah ! mon ami, je vous en demande pardon ; mais on ne tient pas à une pareille extravagance.... ah ! ah ! ah !

BONIFACE, *impatienté.*

Allons, riez, riez ; vous vous expliquerez aprés, peut-être.

CATHERINE, *confuse.*

Ah ! Monsieur, gardez-vous de croire.....

BONIFACE.

Quoi ? — Diable m'emporte si j'y comprends le mot.

HENRY, *à Fierval.*

Ménagez l'oncle, il apporte une] dot [immense.

FIERVAL.

(*A part.*) C'est très-aimable. (*Haut, plus sérieusement, à Boniface.*) Monsieur... tout ceci n'est qu'une plaisanterie, il est inutile d'y faire attention. Quelques ordres relatifs à mon prochain mariage avec votre adorable niéce, m'ont amené dans cette ferme, où, je l'avoue, je ne m'attendais pas à trouver M. de Lussan, établi et déguisé de la sorte ; mais il faut l'excuser, l'amour a fait faire plus d'une folie ; et celle-ci...

LUSSAN, *d'un ton calme et fier.*

Allez, allez, Monsieur, profitez, s'il vous est possible, de l'avantage que ce moment vous donne; mais croyez-moi, efforcez-vous de vous taire, si vous ne voulez pas que nous nous rencontrions de plus près.

FIERVAL.

Pour votre rencontre, je ne l'éviterai pas, à coup sûr, je vous estime trop pour cela; mais, pour de la discrétion... pas possible, en honneur, pas possible.

BONIFACE, *à l'un.*

Monsieur, je suis désolé de cette aventure; elle me force à diminuer de l'opinion que j'avais conçue de vous, sans vous connaître, et ce n'est pas sans qu'il m'en coûte.

LUSSAN.

Ne hâtez pas votre jugement, Monsieur; je ne vous demande que trois heures et le secret. J'aurai l'honneur de vous voir au château.

BONIFACE.

Je vous y attendrai, Monsieur; je ne demande pas mieux que de m'être trompé. — Adieu. (*A Catherine.*) Madame, oubliez l'injure que je vous ai faite; c'est votre figure qui en est cause. — (*A Fierval.*) Pour vous Monsieur, je vais demander à ma sœur si votre mariage avec ma nièce est aussi prochain que vous le dites. Je veux pour elle un homme honnête, aimable, et qui l'aime sincèrement, je vous en avertis.

FIERVAL.

En ce cas, Monsieur, mon bonheur est certain. — (*A Henry, à part.*) Et ma lettre ?...

HENRY, *à part.*

La réponse ce soir.

FIERVAL, *bas à Catherine.*

Charmante ! — Mais croyez-moi, envoyez-le se déguiser ailleurs, cela vous compromettrait. — (*A Lussan.*) Adieu, Lussan, adieu, mon cher ; sans rancune ?... sans rancune, je vous demande en grace. (*A Boniface.*) Monsieur, je suis à vos ordres.

(*Il sort avec Henry et Boniface, qui salue encore Lussan, avec intérêt.*)

SCÈNE VIII.

CATHERINE, LUSSAN, FANCHETTE, *qui se tient derrière et observe la scène avec inquiétude.*

CATHERINE, *joignant ses mains sur son front.*

Dieu ! que d'affrons !

LUSSAN.

Catherine ?... Madame... daignez m'écouter un moment ; ne faites pas tomber sur moi seul le ressentiment de la scène qui vient de se passer. Sans cet audacieux jeune homme...

CATHERINE.

Je lui rends graces, Monsieur ; il m'a appris à vous connaitre, il a éclairé l'abime où mon erreur m'allait précipiter. Et quel était votre but, en supposant que je ne fusse que ce que j'ai voulu être à vos yeux ? était-ce donc un motif pour vous faire un jeu de la perte de mon repos et de ma

E 4

réputation ? Et-il donc décidé parmi les hommes, qu'une femme inférieure en naissance ne puisse les égaler en vertu ? Ah ! cette indignité révolte ma raison ! et jamais... non, jamais je ne vous en aurais cru capable.

LUSSAN.

Mais vous ignorez quels étaient mes desseins. Accordez-moi, par pitié, si je ne puis obtenir un autre sentiment, le pardon d'une ruse dont tout vous avait fait reconnaître l'innocence. — Mais je vous aimais, Catherine !.... Je vous aime...., plus que je ne puis l'exprimer ! — Achevez-la cette confidence d'où dépend le reste de ma vie ; que je sache enfin qui vous êtes ; que je jouisse à-la-fois de la douceur de consoler, d'enrichir ce que j'aime, et de devoir à sa tendresse son retour au monde et au bonheur !

CATHERINE, *émue, dit avec douleur.*

Les voilà !.. ils se ressemblent tous. (*A Lussan, d'une voix étouffée.*) Épargnez-vous, Monsieur, des soins que vous avez rendus inutiles ; retournez au château, oubliez une misérable femme qui n'avait pas demandé à vous connaître, et qui ne tardera pas à aller loin d'ici, loin de vous, de tout ce qui l'environne, chercher une retraite plus sûre, s'il en est, contre la fausseté et la perfidie.

LUSSAN, *éperdu.*

Quoi ! vous voulez....

CATHERINE, *d'un ton plus ferme.*

Oui, Monsieur : ce soir, e rendîmes comptes à Madame, et demain je pars.

LUSSAN.

Catherine... au nom du Ciel !...

FANCHETTE, *qui s'avance en pleurant.*

Eh quoi, madame Catherine ! vous n'aimez donc plus s'te pauvre petite Fanchette ?

CATHERINE, *à Fanchette.*

Petite ingrate ! il vous sied bien de réclamer une tendresse dont vous avez si indignement abusé ! si jeune ! se mêler de pareilles intrigues, trahir sa bienfaitrice, l'exposer à rougir aux yeux de tout le monde !.. vous en voilà récompensée ; demain.... ce soir, vous n'aurez plus d'asile.

FANCHETTE *crie à Lussan.*

Monsieur !... Monsieur, parlez pour moi !...

LUSSAN, *d'un ton calme et doux.*

(*A Fanchette.*) Calmez-vous, mon enfant, je me charge de vous. (*A Catherine.*) Je vous laisse, Madame, vous n'êtes pas à présent en état de m'entendre ; mais croyez que l'homme qui a pu supporter facilement vos injustices, ne renoncera pas de même à l'espoir de vous posséder. Je saurai qui vous êtes ; je le saurai peut-être malgré vous. Mon amour, mon respect, ma persévérance vous ramèneront un jour à des sentimens plus dignes de vous et de moi ; et, en attendant, vous ne partirez pas... non, Madame, vous ne partirez pas ; tant que Charles existera, Catherine ne sera point maîtresse d'aller respirer un autre air que lui. Adieu, Madame. — Venez, Fanchette.

(*Il sort, Fanchette le suit, en regardant de tems en tems Catherine, qui reste consternée.*)

SCÈNE IX.

CATHERINE, *seule.*

QUOI donc ! je ne serais pas libre de fuir des lieux où le malheur m'a encore poursuivie ? Il faudrait que je demeurasse en butte aux insultes de Fierval, à la colère d'Elise, aux persécutions d'un homme... que je devrais... que je ne puis haïr. — Mais quand il serait assez généreux pour faire en ma faveur ce que je fis pour l'ingrat d'Orneville, qui me répond que mon second mariage sera moins désastreux que le premier ? et si l'homme que je comblai de mes bienfaits, me rendit si constamment malheureuse, que pourrais-je attendre de celui à qui je devrais tout à mon tour ? Je n'en courrai point le danger... je m'en irai.... je m'en irai cette nuit même. — Mais, avant mon départ, je veux punir cet insolent Fierval ; sa lettre m'en donne un moyen facile. Comme il était haïssable tantôt ! comme son audace et sa fatuité contrastaient bien avec le maintien noble et réservé de ce malheureux... Que dis-je !... où mes idées s'égarent-elles !... Ah Julie !.. Julie !... fuis, si tu veux, M. de Lussan ; mais n'espère pas d'oublier jamais le pauvre Charles !

Fin du second Acte.

ACTE III.

Le théâtre représente une salle du château, éclairée et préparée pour une fête.

SCÈNE PREMIÈRE.

ELISE, FIERVAL.

ÉLISE, *très-agitée.*

Non, je n'en puis revenir. Comment, il est possible que M. de Lussan se soit dégradé au point.....

FIERVAL, *riant.*

Rien n'est plus vrai, d'honneur. Je l'ai trouvé installé dans cette ferme, comme s'il y eût eu dix ans qu'il en fût commensal. Peut-être lui aurais-je gardé le secret ; mais sa menace m'en a ôté l'envie : la contrainte ne m'a jamais rien fait faire de bon.

ELISE.

Se travestir ainsi, et dans un lieu où la première personne venue pouvait le reconnoître !... nous braver.... nous insulter en face !

FIERVAL.

Vous êtes piquée.

ELISE.

Moi ?.... Oh non, je vous assure. Vous savez quels sont mes sentimens, et vous n'aviez pas besoin de cette dernière offense pour déterminer mon choix. — Mais je ne puis penser qu'une malheureuse servante de basse-cour....

FIERVAL.

Ecoutez donc : elle n'est pas mal; et quand une fois la tête se monte.... A propos, où est donc le cher oncle Boniface ?

ELISE.

Oh! ne m'en parlez pas; il est d'une grossiéreté insoutenable.... — Mais êtes-vous bien sûr que ce soit pour la petite Fanchette....

FIERVAL.

Encore ? Ah, parbleu, ma belle cousine, c'en est trop : vous ne voulez pas me donner de l'inquiétude, au moment où tout semble devoir assurer mon bonheur : songez donc que demain, peut-être, nous serons l'un à l'autre, et que, quelque fonds de tolérance dont je fasse provision en me mettant en ménage, encore ne pourrais-je souffrir qu'un rival m'enlevât la douceur de vous occuper uniquement, au moins le premier jour des noces.

ELISE, fièrement.

Comment, Monsieur, vous oseriez penser....

FIERVAL.

Eh non, non; je ne pense, je n'ose rien au monde; je voudrais seulement vous distraire d'une idée qui contrarie mon amour.

ELISE, préoccupée.

Soyez tranquille, je ne change pas si facilement; et ce ne serait pas au moment où ma famille dé-

cide de mon sort, que je me permettrais.... (*Vivement.*) Ah ! voilà Fanchette ; interrogeons-la,
nous saurons à quoi nous en tenir.

FIERVAL, *à part.*

C'est incroyable !

SCÈNE II.

LES PRÉCÉDENS, FANCHETTE, *qui traverse le
théâtre sans les voir.*

ELISE.

FANCHETTE ? ici, que je vous dise un petit mot.

FANCHETTE, *embarrassée.*

Mam'zelle.... j'vous demandons bien pardon...
mais c'est que j'sommes pressée, voyez-vous. (*Elle
veut s'en aller.*)

FIERVAL, *la retenant.*

Un moment !

FANCHETTE.

J'n'en avons point à perdre, et sur-tout avec
vous, Monsieur.

ELISE.

Comme elle est sauvage !

FIERVAL.

Ah, oui, sauvage ; fiez-vous à ces pudeurs villa-
geoises ; ce sont bien les plus trompeuses friponnes...

FANCHETTE, *malignement.*

Monsieur en sait queuqu'chose, apparemment.

FIERVAL, *souriant.*

Et Lussan aussi, mon cœur.

FANCHETTE, *à part.*

Que me veulent-ils donc ?

ELISE, *la regardant dans les yeux.*

On dit qu'il a beaucoup d'amitié pour vous, M. de Lussan ?

FANCHETTE, *d'un air décidé.*

Pourquoi pas, Mam'zelle ? Est-ce que je n'sommes pas assez gentille pour ça ? — (*A part.*) Attrape.

FIERVAL *à Elise.*

Vous entendez.

ELISE.

Elle ne manque pas d'amour-propre.

FANCHETTE.

Tredame ! chacun a le sien.

ELISE.

Oui ; mais on ne saurait le placer plus mal. Vous devriez rougir.

FANCHETTE.

De quoi ? de faire des amoureux ? J'rougirions b'en putôt de n'pas savoir les conserver.

ELISE, *à part.*

Insolente !

FIERVAL, *d'un air grave, à Fanchette.*

Petite, vous perdez le respect.

FANCHETTE *à Fierval, sur le même ton.*

Monsieur, vous n'me le ferez pas retrouver. — D'ailleurs j'n'ons qu'faire ici, moi : adieu.

ELISE.

Doucement, s'il vous plaît. — Y a-t-il long-tems que M. de Lussan s'est avisé de faire atten-tion à vous ?

FANCHETTE.

J'n'en savons rien, Mam'zelle. — On ne compte pas les momens où l'on s'amuse : y n'y a qu'ceux qui ennuient qui paraissent b'en longs.... J'm'en vas.

FIERVAL, *la retenant.*

A la ferme, sans doute ?

FANCHETTE, *triste.*

Non, Monsieur, car j'en sommes chassée, graces à vos soins.

ELISE.

Et où logerez-vous donc, maintenant ?

FANCHETTE, *lui faisant la révérence.*

A Lussan, Mam'zelle. On a eu la bonté d'nous y promettre un asile.

ELISE, *à part.*

Tant d'effronterie n'est pas naturel.

FIERVAL *à Fanchette.*

Et pourquoi donc Catherine a-t-elle pris la chose si sérieusement ?

FANCHETTE, *impatientée.*

Pourquoi !... Voulez-vous que je l'disions, pourquoi, Monsieur ?

ELISE.

Sans doute.

FIERVAL.

Non, non, il n'est pas nécessaire. La petite souffre ici, laissons-la aller.

ELISE.

Oh ! volontiers Seulement je vais rendre compte de tout ceci à ma mère, et l'engager à donner une autre fille en mariage à ce pauvre Henry.

FANCHETTE, *qui s'en allait, revient.*

Henry?..... Qu'est-ce que vous dites d'Henry, Mam'zelle ?

ELISE.

Que vous importe ?

FANCHETTE.

Oh ! je vous en prions bien fort ; dites-nous donc....

ÉLISE, *la fixant.*

Je disais que votre mariage avec Henry devait être le premier que ma mere eût fait célibrer à l'occasion du mien.... mais qu'il faut tout rompre, puisque....

FANCHETTE, *émue.*

Comment !... comment, Madame voulait.... Madame aurait.... (*Elle regard Elise.*) Celui-là est trop fort pour nous, Mam'zelle, et j'menfuyons, d'crainte d'nous trahir. (*Elle s'enfuit.*)

SCÈNE

SCÈNE III.

ÉLISE, FIERVAL.

ÉLISE, *en colère, et pleurant presque de dépit.*

On ne me trompe pas ainsi. Mes soupçons n'étaient que trop justes, je suis sacrifiée indignement.... mais je ne tarderai pas à m'en venger.

FIERVAL, *riant.*

Vous venger!... et de quoi?... Je veux mourir, belle cousine, si je comprends rien à votre humeur... sinon qu'elle me fait jouer un assez sot personnage.

ÉLISE.

Cessons de plaisanter, Monsieur. Demain nous serons unis; demain, l'intérêt de ma gloire vous touchera d'aussi près que moi; et je me flatte que vous ne refuserez pas de me seconder dans un projet qui peut seul me faire raison de l'indigne procédé de M. de Lussan.

FIERVAL.

Quel projet? voyons.

ÉLISE.

De bannir d'ici cette insolente fermière, dont la conduite peu décente aura sans doute autorisé un homme faible à nous manquer d'égards.

FIERVAL.

Qui? Catherine?

ÉLISE.

Elle-même.

FIERVAL.

(*A part.*) Un instant; ce n'est pas là mon compte. — (*Haut.*) Mais vous vous trompez, Élise, ce n'est point pour elle que...

F

ÉLISE, *outrée.*

Etes-vous donc d'accord avec eux pour m'abuser, Monsieur, ou ne voulez-vous donc pas voir que cette prétendue fantaisie pour la petite Fanchette, est une ruse grossière que leur a suggérée l'embarras du moment ? Ce n'est pas d'aujourd'hui... vous l'avez dit vous-même ; ce n'est pas d'aujourd'hui que M. de Lussan était dans cette ferme, et croyez-vous qu'une petite servante de basse-cour ait pu être l'objet de tant de soins ?... Non, non, Monsieur ; la belle Catherine, si imposante dans son état, si prévenue en apparence contre les hommes, a pu seule inspirer une passion assez forte pour justifier de pareilles folies, et seule elle est cause de ce changement dont tout le monde s'est apperçu.... Ah Dieu !

FIERVAL.

(*A part.*) Voilà une petite personne qui ne m'aime pas du tout. — (*Haut.*) Encore une fois, belle cousine, vous pouvez avoir raison ; mais je ne vois pas quels motifs vous portent....

ÉLISE.

Quels qu'ils soient, Monsieur, ne balancez pas à me seconder ; ma main est à ce prix.

SCÈNE IV.

LES PRÉCÉDENS, BONIFACE, madame D'ARMINCOURT.

BONIFACE, *achevant sa conversation.*

Oui, voilà qui est décidé. Cette terre sera notre retraite, notre habitation favorite ; j'y finirai mes jours près de vous: pour ma nièce, elle ira vivre à Paris, si bon lui semble. — Mais, entre nous soit dit, croyez-vous qu'elle soit heureuse avec cet étourdi de Fierval ? C'est un joli garçon ; mais je veux être deshonoré, si jamais on vient à bout d'en faire un bon sujet. — (*Il apperçoit Fierval.*) Ah, pardon Monsieur, je ne vous voyais pas.

FIERVAL, *saluant.*

Il n'y a pas de mal, Monsieur ; les opinions sont libres.

LA MARQUISE.

Mais, mon frère, si ce n'est que M. de Lussan, que vous avez en vue , vos projets sont détruits d'avance ; car , d'après l'aventure de la ferme, vous sentez qu'il est impossible...

BONIFACE, *étonné.*

L'aventure de la ferme ! de qui la tenez-vous donc ?

LA MARQUISE.

C'est Fierval qui nous l'a racontée.

BONIFACE, *piqué, regarde Fierval de travers.*

Ah , c'est Monsieur ?

FIERVAL, *riant.*

Oui , vraiment : quel mal y a-t-il d'avoir un peu diverti ces dames aux dépens d'un homme....

BONIFACE, *sur le même ton.*

Qui pourrait bien finir par se divertir aux vôtres.

FIERVAL.

Ah !

ÉLISE, *à son oncle.*

Du moins ne sera-ce pas en obtenant aucuns droits sur ma personne.

BONIFACE.

Et pourquoi donc cela ? N'allez-vous pas croire aussi que cette pauvre petite Fanchette....

ÉLISE.

Non, Monsieur, non ; ce n'est point Fanchette qui m'a enlevé l'hommage de M. de Lussan ; hommage que je suis bien loin de regretter, sans doute, mais qu'il aurait pu, ce me semble, adresser à toute autre qu'à une femme inconnue, sans nom, sans naissance, et qui, pour prix des bontés dont l'a honorée Madame, s'est oubliée jusqu'à entreprendre de séduire un homme destiné à sa fille, et n'a pas craint de porter le scandale dans la seule maison qui peut-être eût voulu la recevoir.

LA MARQUISE.

Comment, mon enfant, ce serait cette Catherine que j'aimais tant, qui aurait osé....

FIERVAL.

(*Élise fait signe à Fierval de la seconder, et Boniface les observe.*)

Eh mais... il y a bien quelqu'apparence... (*A part.*) Si je le croyais !

LA MARQUISE, *à Boniface.*

Écoutez-donc, mon frere ; ma fille a raison. M. de Lussan s'est fort mal conduit avec nous, et, en vérité...

ÉLISE, *vivement.*

Si vous m'aimez encore, Madame, ne souffrez pas que je sois ainsi humiliée par tout le monde ! — Si vous saviez le chagrin que cela me cause !...

LA MARQUISE, *avec bonhommie.*

Tu pleures, mon enfant ! ... Mais tu n'y songes pas ! — Va, va, mon enfant, tranquillise-toi ; dès ce soir, je congédie la belle fermière, je baise les mains à M. de Lussan, et signe ton contrat avec Fierval. N'est-il pas vrai, cher frère ? il faut que cela soit aussi, n'est-il pas vrai ?

BONIFACE, *ôtant son chapeau.*

Je vous en demande bien pardon, chère sœur ; en fait de sottises, je ne sais pas, comme vous, aller vite en besogne. Je ne veux cependant pas vous faire languir. J'attends ici M. de Lussan ; notre entretien me décidera.

LA MARQUISE.

Mais, mon frère...

BONIFACE.

Oh ! finissons ; je hais les pourparlers. Dans une heure, tous les paysans de ce village viennent souhaiter à ma nièce une fête que je desire pouvoir rendre joyeuse. Dans une heure, Mademoiselle, je vous donne pour bouquet une dot de quinze cent mille livres. — Je dois cependant vous prévenir d'une chose ; c'est que je ne puis goûter le plaisir de vous enrichir, qu'à une condition ; condition sacrée, indispensable, que vous et votre mari vous vous engagerez à remplir sous toutes les formes que la loi autorise.

F I E R V A L, *intrigué.*

Peut-on savoir, Monsieur, quelle est cette condition ?

B O N I F A C E, *ironiquement.*

Non, Monsieur, non ; nous n'en parlerons, s'il vous plaît, qu'au moment des signatures ; c'est mon épreuve, à moi : quoique j'augure trop bien de votre amour pour ma nièce pour aller m'imaginer qu'une clause de plus ou de moins....

F I E R V A L.

Monsieur...

B O N I F A C E.

Allez, ma sœur ; qu'on prépare tout pour notre petite fête. Faites dresser promptement le contrat, et laissez-moi causer quelques instants avec M. de Lussan, que j'apperçois.

(*Élise et Fierval sortent.*)

L A M A R Q U I S E.

Et Catherine ? lui permettra-t-on ce soir l'entrée du château ?

B O N I F A C E.

Pourquoi pas ? Il sera tems demain de voir si elle mérite d'être congédiée. Ma sœur, j'ai dès long-tems contracté l'habitude d'avancer toujours l'instant des récompenses, et de reculer de même celui des punitions. — Mais laissez, laissez-moi.

S C È N E V.

L U S S A N, B O N I F A C E.

L U S S A N. (*Il est habillé.*)

Excusez-moi, Monsieur ; quelques soins que je ne prévoyais pas devoir prendre, m'ont privé de l'honneur de vous rejoindre plus tôt; mais enfin me voilà à vos ordres, et prêt à vous donner tous les éclaircissemens qu'il sera en mon pouvoir de vous offrir.

BONIFACE.

Monsieur, ils se réduisent à un seul point. — Aimez-vous ma nièce?

LUSSAN.

Je l'ai aimée, Monsieur.

BONIFACE.

Pourquoi donc ne l'aimez-vous plus?

LUSSAN.

Parce que son caractère ne m'a pas semblé pouvoir sympathiser avec le mien; parce que sa coquetterie, qui seule l'a portée à flatter les espérances du jeune Fierval, au moment où j'étais à ses pieds, m'a inspiré un juste effroi, et qu'enfin une passion plus forte a presqu'aussi-tôt effacé l'impression que ses attraits avaient dû me faire.... Je vous parle avec sincérité.

BONIFACE.

J'aime cette manière-là. — Vous ne l'aimez donc plus?

LUSSAN.

Non, Monsieur.

BONIFACE.

Plus du tout? — (*Lussan se tait.*) — Savez-vous qu'elle apporte à son mari quinze cent mille livres de dot?

LUSSAN.

Tant mieux, Monsieur. Il ne manquait à mon

repos que de la savoir heureuse ; et j'espère qu'un si grand avantage de plus déterminera celui qu'on lui destine, à n'oublier jamais les égards qu'il lui doit.

BONIFACE.

C'est ce Fierval qu'elles veulent absolument épouser. — Qu'en pensez-vous ?

LUSSAN.

Vous n'attendez pas de moi, Monsieur, que j'entteprenne de nuire à personne.

BONIFACE.

Vous êtes un brave homme... Je vous regrette bien sincérement. — Dites-moi donc : est-il vrai que ce soit cette petite Fanchette qui vous ait tourné la cervelle ?

LUSSAN, *souriant.*

Non, Monsieur.

BONIFACE.

C'est donc notre fermière ?... Elise le disait bien.

LUSSAN.

Elle l'a donc deviné ?

BONIFACE.

Oui, vraiment; elle en est furieuse. « Cette femme, dit-elle, vous aura séduit : c'est affreux, c'est un scandale épouvantable ; il faut la chasser, et dès ce soir »…. et ma sœur, faible comme vous la connaissez, allait presque y consentir, si je ne m'y fusse opposé.

LUSSAN.

La chasser !... elle ?... Catherine !... Ah ! Monsieur, joignez-vous plutôt à moi pour la détourner du dessein qu'elle a de nous fuir. Vous ne la connaissez pas, cette femme adorable; vous ne savez pas combien elle réunit de charmes et de vertus ! Elle n'est point ce qu'elle paraît être : des infortunes sans nombre l'ont réduite à cet état si peu fait pour elle. Si vous saviez ! — Personne ne la connaît ici ; depuis deux ans qu'elle est venue s'y établir, personne n'a pu découvrir qui elle est, ni d'où elle sort ; et, depuis trois mois que je m'étais introduit chez elle, à son insçu, sous le déguisement où vous m'avez surpris, je n'avais pu encore en obtenir une seule marque de confiance : enfin, un moment plus favorable était arrivé ; elle venait de commencer la confidence de ses malheurs ; j'allais savoir le secret de son sort, quand des circonstances fatales nous ont interrompus, et ont amené la scène dont vous avez été témoin.

BONIFACE, *ému.*

Que me dites-vous-là ? Cette Catherine est inconnue ? elle est ici depuis deux ans ? des malheurs l'ont réduite à l'état où elle est ? — Monsieur.... M. de Lussan ?... cette femme est peut-être encore plus intéressante que vous ne croyez. Je crois la connaître.... je crois.... Je vais la voir, je vais la voir à l'instant, la questionner.... m'instruire....

LUSSAN, *transporté.*

Quoi, Monsieur ... vous croiriez... vous sauriez... serait-il possible !... Ah, Monsieur, de quel poids vous soulageriez mon cœur !

BONIFACE, *se ravisant.*

Ecoutez... écoutez donc ; je peux me tromper.— Combien dites-vous qu'il y a qu'elle est ici !

LUSSAN.

Deux ans, à-peu-près.

BONIFACE.

Son âge ?

LUSSAN.

Vingt... à vingt-deux ans.

BONIFACE.

De l'esprit ? ... des talens ?

LUSSAN.

Des talens, oui ; et c'est ce qui m'a frappé. Comment, disais-je, une paysanne....

BONIFACE, *à lui-même, et avec le plus grand intérêt.*

Ah ! que je me veux de mal de l'avoir perdu !

LUSSAN.

Quoi donc, Monsieur ?

BONIFACE, *toujours plus ému.*

Un portrait. ... un petit portrait de femme qui me parvint à certaine époque. A peine si je voulus le regarder alors ; et tantôt, en voyant Catherine... il m'a semblé... je m'en vais, je m'en vais la voir.

LUSSAN, *l'arrêtant.*

Elle doit venir ici tout à l'heure. Ne vaudrait-il pas mieux que vous l'attendissiez, que vous cherchassiez peu-à-peu à pénétrer son secret ? Elle est si défiante ! si indignée d'ailleurs de ce qui s'est passé tantôt ! elle veut partir ; elle doit, ce soir, prévenir madame d'Armincourt.

BONIFACE, *riant.*

Ah, oui, partir ! Si ce que je présume arrive, je sais bien qui est-ce qui partira ; mais, à coup sûr, ce ne sera ni vous ni elle. — Je l'entends, je crois.

LUSSAN.

Laissez-moi l'éviter; elle est tellement irritée contre moi....

BONIFACE, *l'embrassant avec effusion.*

Allez, allez; je vous raccommoderai. — Montez à votre appartement, et ne paraissez pas que je ne vous fasse avertir.

LUSSAN.

Je vous devrai mon bonheur. (*Il sort.*)

SCÈNE VI.

CATHERINE, BONIFACE.

BONIFACE. (*Il est seul un instant.*)

JE serais charmé que ce fût elle. Cette femme m'a saisi à la première vue .... J'ai tant cherché vainement !.... Il serait bien singulier que le hasard.... Mais si je me trompais cependant !... Peste! n'allons pas nous livrer à une aventurière. — Il faut voir.

CATHERINE, *un peu éloignée de Boniface.*

Le voici. Voudra-t-il m'entendre ! N'éprouverai-je point encore quelque nouvelle humiliation !

BONIFACE, *d'un air ouvert.*

C'est vous, belle fermière ! cherchez-vous quelqu'un ici?

CATHERINE.

Je n'y cherche que vous, Monsieur.

BONIFACE.

Eh bien, tant mieux; me voilà, qu'avez-vous à me dire?

CATHERINE.

Des choses qui intéressent le bonheur de mademoiselle Elise; et j'ai pensé qu'en cette considération, vous ne me refuseriez pas la grace de vous entretenir un instant, en attendant la fête que je n'ai pas voulu troubler par un éclat indiscret.

BONIFACE *la regarde un moment avec intérêt, et dit ensuite :*

Voyons, Madame; de quoi s'agit-il?

CATHERINE.

Avant de m'expliquer, je vous prierai, Monsieur, de vouloir bien me promettre d'être auprès de Madame l'interprète de mes excuses et de mes regrets. Je remets la ferme qu'elle m'a confiée, et compte, dès demain, quitter le canton. Je sais bien qu'il n'est pas d'usage de rompre ainsi de pareils engagemens; mais quels que soient les dédommagemens que vous exigerez, Monsieur, j'y souscris d'avance, trop heureuse de laisser, en partant, à madame d'Armincourt cette faible preuve de ma reconnaissance et de mon tendre attachement.

BONIFACE.

Mais, si vous lui êtes si attachée, pourquoi donc la quittez-vous? — Quels sont les motifs d'une fuite si soudaine?

CATHERINE.

La scène de tantôt l'autoriserait assez, ce me semble, quand cette lettre ne l'aurait pas déjà provoquée. (*Elle lui donne la lettre de Fierval.*)

BONIFACE.

Ah , ah ! — De Fierval !.... (*Il en lit quelque chose.*) Libertin !.... (*Il continue.*)

CATHERINE.

Vous concevez, Monsieur, qu'il serait peu décent que je restasse dans des lieux où un pareil homme aura bientôt le droit de me parler en maître. Il faudrait ou le braver, ou m'avilir !.... Tant d'audace ou tant de bassesse est également indigne de moi.

BONIFACE, *à part.*

Cette femme est honnête, chose sûre. — (*Haut.*) Quand avez-vous reçu cette lettre ?

CATHERINE.

Quelques instants avant votre arrivée. Peut-être l'aurais-je méprisée, sans la manière indigne dont M. de Fierval s'est comporté chez moi ; mais le soin de ma réputation, seul bien qui me reste au monde, ne m'a pas permis de dévorer un si cruel outrage; et c'est à l'oncle, au bienfaiteur d'Élise, que j'ose en confier la vengeance.

BONIFACE, *mettant la lettre dans sa poche.*

Je m'en charge. — Quoiqu'au fond, il ne soit pas seul responsable de votre départ. M. de Lussan...

CATHERINE.

N'en parlons pas, Monsieur, je vous en supplie.

BONIFACE.

Pourquoi donc ? il vous aime de tout son cœur, cet homme; il me le disoit encore tout à l'heure. C'est vraiment dommage que vous ne soyez pas d'un rang plus rapproché du sien, vous vous conviendriez à merveille ; mais , ma foi, vous êtes si loin de lui... (*Il la fixe.*)

C A T H E R I N E, *vivement.*

Ce ne serait pas là l'obstacle, Monsieur...— (*Elle se reprend.*) La vertu est de tous les rangs , mais les hommes savent rarement l'apprécier, et je n'ai point appris à avoir confiance en leur justice.

B O N I F A C E.

(*A part.*) C'est elle. — (*Haut.*) Dites-moi... vous avez été malheureuse en amour ?

C A T H E R I N E, *soupirant.*

Oui , Monsieur... et je le suis encore.

B O N I F A C E.

(*A part.*) Ceci regarde Lussan. (*Haut.*) Dites-moi donc ; vous avez été mariée ?

C A T H E R I N E, *embarrassée.*

Monsieur...

B O N I F A C E, *d'un ton pressant.*

Vous êtes veuve ?

C A T H E R I N E, *sans prendre garde à ce qu'elle dit.*

Oui, Monsieur.

B O N I F A C E.

Y a-t-il long-tems que...

C A T H E R I N E.

Ah, Monsieur, daignez me dispenser d'un éclaircissement qui désormais ne peut vous interresser. Je pars, je vais porter ailleurs le souvenir de mes peines passées, et le sentiment ineffaçable de mes chagrins actuels ; je n'ai plus rien à dire, plus rien à entendre ici. — Il ne me reste qu'à vous remercier... et à prendre congé de vous.

BONIFACE, *avec intérêt.*

Un moment. Où allez-vous donc, comme cela ?

CATHERINE, *tristement.*

Je ne sais. Par-tout où j'aurai le malheur d'attirer l'attention d'un homme, il n'y aura pas de demeure fixe pour moi.

BONIFACE, *la regardant.*

Hum !... S'il est ainsi, vous risquez de voyager long-tems. (*Plus vivement.*) Mais, que diable !... Vous n'allez pas courir ainsi à l'aventure. Vous tenez à quelque chose dans le monde ; vous arriviez de quelque part quand vous êtes venue ici ; ce que vous possédez, vous l'avez hérité de quelqu'un, ou quelqu'un vous l'a donné. Vous aviez un père, une mère, un mari... que faisaient-ils ? que sont-ils devenus ? Qui êtes-vous, enfin ?

CATHERINE, *troublée.*

Monsieur... que vous importe... mon mari... ma famille...

BONIFACE, *encore plus vivement.*

Oui, votre mari, votre famille, tout cela m'importe, et beaucoup ; où tout cela est-il ? qui êtes-vous ? voyons.

CATHERINE, *cherchant ce qu'elle veut dire.*

Monsieur... j'ai perdu mon père et ma mère en bas âge... Alors...

BONIFACE, *la pressant toujours.*

Eh bien, alors...

CATHERINE, *se troublant de plus en plus.*

Alors.... Une dame qui... avait... des bontés pour eux... a pris soin de moi.... m'a mariée....et à sa mort, m'a laissé...

BONIFACE.

Et votre mari, où étoit-il, quand...

CATHERINE, *l'interrompant.*

Il m'a quittée. — Depuis deux ans, j'ignore...

BONIFACE, *la reprenant vivement.*

Mais vous vous trompez ; prenez donc garde.

CATHERINE, *hors d'elle-même.*

Comment, Monsieur, je me trompe...

BONIFACE.

Vous ne savez pas mentir, j'aime cela.

CATHERINE, *éperdue.*

Je vous assure, Monsieur...

BONIFACE, *impétueusement.*

Répondez-moi, et vite et positivement. — N'êtes-vous pas née à Paris ? n'êtes-vous pas fille d'un brave et riche militaire qui s'appelait Harcourt ? n'êtes-vous pas restée orpheline à seize ans ? Un jeune homme nommé d'Orneville...

CATHERINE *jette un cri et se trouve mal*; *Boniface la soutient*

D'Orneville ! ... je me meurs.

BONIFACE, *effrayé, et avec le plus grand intérêt.*

Qu'avez-vous?... ne craignez rien, ne craignez rien ;

rien, vous dis-je. — vous avez des droits, des droits sacrés à ma tendresse. Si j'ai pu mettre au monde un fils indigne de moi, je remercie le Ciel de m'avoir donné le tems et les moyens de réparer ses fautes. Julie!... chere et généreuse Julie!... par grace, par pitié, ne haïssez pas le pauvre Boniface d'Orneville, qui vous demande à genoux le pardon de son fils.

CATHERINE.

Vous, Monsieur,.... vous, le pére de mon mari!....

BONIFACE, *se mettant tout-à-fait à genoux.*

Oubliez que je fus son pére, et laissez-moi être le votre.

CATHERINE *l'embrasse et le relève.*

Ah Monsieur! — Oui!.. ah, oui; soyez mon pére!.. j'avais besoin d'en retrouver un!

BONIFACE, *la serrant dans ses bras.*

Jusqu'à la mort. — Ah çà, ma fille, il ne s'agit plus de fuite, d'aventures, de déguisemens. — (*Montrant son cœur.*) Voilà votre dernier asyle; rien au monde ne vous en fera sortir. Votre honneur est le mien, ma fortune est la vôtre, et le soin de vous rendre heureuse, celui qui m'occupera constamment. (*Reprenant sa gaieté.*) Ah çà, nous venons de nous attendrir ensemble; il faut maintenant nous égayer un peu, punir un fat, corriger ma niéce, et faire un bon mariage..... Que de plaisirs à-la-fois!

CATHERINE, *émue.*

Un bon mariage!....

BONIFACE.

Oui, oui; Lussan et vous, je vous marie. Vous vous aimez comme deux fous; vous êtes tous

G

deux hommes, tous deux riches : il n'y a rien de mieux que cela.

C A T H E R I N E .

Moi riche ?... Vous savez qu'il ne me reste rien.

B O N I F A C E .

Vous oubliez donc que j'ai quelque chose ? La dot d'Elise est à vous ; vous verrez quelles étaient mes conditions. Je mets sous votre dépendance ma fortune et le sort de ma nièce..... vous en disposerez à votre gré : je ne m'en mêle plus. — On vient. Soyez encore Catherine, jusqu'à ce que j'unisse Lussan et ma belle-fille.

C A T H E R I N E , *lui baisant la main.*

J'obéis. — (*A part.*) Ah ! Charles , quel moment

S C E N E   V I I.

LES PRÉCÉDENS, LA MARQUISE, ELISE , FIERVAL , HENRY , FANCHETTE , *à la tête d'une troupe de paysans qui apportent des bouquets à Elise. Fanchette en a deux, un pour elle, et un plus beau qu'elle tient contre sa jupe. Les paysans entrent sur une espèce de marche villageoise, et présentent, en passant, leurs bouquets à Élise. Pendant ce tems, on apporte une table à l'un des côtés du théâtre ; un notaire s'y met et achève de dresser le contrat. Catherine est à un coin de la scène ; Fanchette se glisse à côté d'elle. Boniface est à l'autre coin ; la Marquise, sa fille, Fierval, occupent le milieu ; Henry derrière , près de Fanchette. Les paysans se rangent au fond, après la marche, et y restent jusqu'à la fin.*

L A   M A R Q U I S E, *aux paysans.*

Allons, mes enfans, de la joie ! Elise, en se

mariant, va faire plus d'un heureux dans le village.
(*A Boniface.*) Eh bien, mon frere, êtes-vous décidé?

BONIFACE, *gaiement.*

Un moment, ma sœur.

ELISE à *Fierval*

La voyez-vous, cette audacieuse fermiére?

FIERVAL à *Elise.*

Je m'en vais lui parler. (*Il va à Catherine, tandis
que la Marquise embrasse sa fille, et lui donne un bouquet qu'elle met à son côté.*) Ma réponse, belle Cathé-
rine?

CATHERINE, *souriant.*

Monsieur d'Orneville vous la fera pour moi.

FIERVAL, *étonné.*

Comment?

CATHERINE.

Je l'en ai chargé.

HENRI, *donnant un bouquet à son maître.*

Présentez donc votre bouquet, Monsieur.

FIERVAL, *à lui-même.*

Je ne puis concevoir.... (*Il quitte Catherine,
et va offrir un bouquet à Elise.*)

CATHERINE à *elle-même, s'appercevant qu'elle
est la seule qui n'ait pas de bouquet.*

Et moi qui n'en ai pas.... (*Fanchette s'avance
timidement, et lui offre le sien, d'un air suppliant....
Catherine l'accepte en riant, et la baise au front.*) —
Pauvre enfant!

FANCHETTE, *à part, avec joie.*

Oh! il y a du nouveau!

BONIFACE à *Catherine*.

A vous, la belle fermière, et un beau compliment, s'il vous plaît.

CATHERINE, *gaiement*.

Me l'ordonnez-vous, Monsieur ?

BONIFACE.

Je vous en prie.

CATHERINE, *offrant un bouquet à Elise*.

Mademoiselle, ne rejetez pas ce faible témoignage de l'attachement d'une femme qui ne vous a jamais fait de mal, et qui voudrait un jour pouvoir vous faire du bien.... (*Elise fait un geste dédaigneux.*) Cela n'est pas impossible : il faut s'attendre à tout dans la vie ; et le plus doux moyen de prévoir les événemens, est de se laisser aimer de tous ceux dont la tendresse peut nous aider à les soutenir.

ÉLISE, *étonnée*.

A quoi tend ce discours ?

LA MARQUISE.

J'en suis tout attendrie !

BONIFACE.

C'est donc à mon tour à fêter ma nièce.... — Mais.... un instant, il nous manque encore quelqu'un.

FANCHETTE, *vivement*.

C'est M. de Lussan.

BONIFACE.

Qu'on l'avertisse.

FANCHETTE.

Allons le chercher, Henry.

HENRY.

Allons le chercher. (*Ils sortent en coûrant*)

SCENE VIII.

LES PRÉCÉDENS, hors HENRY et FANCHETTE.

FIERVAL.

QUE veut dire ceci ?

BONIFACE.

Je vais vous l'expliquer, Monsieur. — Je vous ai tantôt annoncé une condition sans laquelle je ne pouvais goûter la douceur d'enrichir ma nièce ; la voici... C'est que, dans le cas où le hasard, ou des événemens que je ne pouvais prévoir, nous feraient découvrir la malheureuse veuve du fils que j'ai perdu, ma nièce et moi lui rendrions à l'instant la fortune dont elle fut dépouillée par la mauvaise conduite de son mari ; fortune que je ne puis évaluer, puisque je ne l'ai pas connue, mais que l'honneur me commande de remplacer par l'hommage entier de la mienne.

ÉLISE, *noblement.*

Rien de plus juste, Monsieur. La noblesse de ce procédé me rend vos bienfaits moins pénibles. Je n'ai pas dû compter sur vos richesses, j'y renoncerai sans murmurer ; et si Monsieur (*montrant Fierval*) pense comme moi, il restituera vos dons avec plus de plaisir encore que nous n'en éprouvons à les accepter.

BONIFACE *à sa nièce.*

C'est bien cela, Mademoiselle ; c'est fort bien : je suis content de cette réponse-là.

LA MARQUISE *à Boniface.*

Je vous dis qu'elle a du bon.

FIERVAL, *avec un peu d'humeur.*

Eh, oui, oui, c'est fort beau, sans contredit ; mais cette générosité exaltée ne sera probablement pas mise à l'épreuve. — (*A Boniface.*) J'ai oui dire, moi, que cette malheureuse femme était morte de chagrin, peu de tems après votre fils ; et, depuis deux ans qu'on n'en entend plus parler....

BONIFACE, *riant.*

Pardonnez-moi, Monsieur ; elle vit, elle se porte à merveille, et M. de Lussan, que voici, peut vous en répondre aussi bien que moi.

SCÈNE IX.

LES PRÉCÉDENS, LUSSAN, HENRY, FANCHETTE.

LUSSAN *à Boniface.*

DE quoi donc, Monsieur ?

BONIFACE *à Lussan.*

De l'existence de ma belle-fille, de madame d'Orneville, à qui je rends sa fortune, et que je vous donne à l'instant en mariage, si vous l'aimez autant que j'ai cru le voir. — (*A sa nièce.*) Elise, la réponse que vous venez de faire me raccommode avec vous, et, pour vous le prouver, je vous permets d'embrasser votre cousine, et de la présenter vous-même à M. de Lussan.

LA MARQUISE.

Sa cousine !

LUSSAN.

Votre belle-fille !

FIERVAL.

Et qui donc ?

ELISE, *voyant l'émotion de Catherine.*

Serait-ce Catherine ?...

BONIFACE.

Elle-même.

TOUS LES ACTEURS.

Catherine !

LUSSAN, *aux genoux de Catherine.*

Catherine .... chere Catherine !... est-il vrai que je sois le plus heureux des hommes?...Ah, parlez !.. daignez-vous consentir...

CATHERINE, *le relevant.*

Ayez pitié de moi !...je ne saurais vous répondre. L'émotion... la joie.... Ah! mon pere... Madame... Mademoiselle... mettez le comble à mon bonheur, en me permettant de le mériter. Gardez, gardez ces biens, dont vous faites un si digne usage ; ils sont à vous, vous ne me devez rien ; Lussan est assez riche pour nous deux .... et je l'estime assez pour consentir à lui devoir quelque chose.

LUSSAN, *lui baisant la main.*

Ah Dieu !

ÉLISE à *Catherine.*

Ce dernier trait m'accable! je mourrai de chagrin de vous avoir offensée, si votre amitié ne m'en console. (*Elles s'embrassent.*)

BONIFACE, *les attirant vers la table.*

Signons le contrat, maintenant. Il est tout prêt (*Au notaire.*) Il n'y a que les noms à changer.

FIERVAL, *embarrassé.*

Et pourquoi donc changer ? ... Qu'on se marie aussi, fort bien ; mais, jusqu'ici, je ne vois pas, pour moi, de raison de renoncer aux espérances....

BONIFACE, *riant.*

Vos espérances !... j'en ai la liste dans ma poche. Élise... tenez, parcourez-la. — (*Il signe le contrat, et le fait signer à Catherine et à Lussan.*)

LA MARQUISE.

Voyons... (*Elle lit avec Élise.*) L'impertinent.

ÉLISE, *rendant la lettre à Fierval.*

Cette lettre me donne une leçon salutaire : puissiez-vous en profiter comme moi.

FIERVAL, *voulant cacher son embarras.*

Eh bien !... quoi ?... c'est une plaisanterie ; voudriez-vous, pour si peu de chose...

ÉLISE, *lui fait une révérence profonde.*

Adieu, Monsieur.

FIERVAL, *reprenant son ton ordinaire.*

Vous avez tort ; vous n'en retrouverez pas qui me vaille... Je vous présente bien mon respect. (*Il salue, et va pour sortir.*)

BONIFACE, *sans se déranger.*

Adieu, jeune homme... Sans rancune ?

FIERVAL, *s'en allant.*

Pas la moindre.

HENRY, *embarassé.*

Vous suivrai-je, Monsieur ?

FIERVAL.

Non, je te chasse. (*Il sort.*)

HENRY.

Merci, Monsieur. — Oh ! ma petite Fanchette !

SCÈNE X et dernière.

LES PRÉCÉDENS, hors FIERVAL.

BONIFACE, *les ramenant en scène.*

ÉLISE a pris le parti le plus sage ; mais elle n'y perdra pas ; et, sous peu... suffit. (*A Elise et Catherine.*) Quant à mon bien, mes enfans, je le partage entre vous deux ; c'est, je crois, le meilleur moyen de vous accorder.

CATHERINE.

Je vous laisse le maitre absolu de mon sort. Il n'est qu'une grace sur laquelle j'insisterai.

LA MARQUISE.

Laquelle ?

CATHERINE.

C'est la permission de disposer de ma ferme en faveur de Fanchette. (*En riant.*) Il est bien juste qu'elle soit récompensée de toutes les peines qu'elle a prises pour moi.

LA MARQUISE.

De grand cœur, ma chère enfant ; je n'ai rien à te refuser.

FANCHETTE, *baisant la main de Catherine.*

Oh, ma bonne maitresse !

HENRY, *dans son coin.*

Je serai donc le seul malheureux !

LUSSAN.

Pourquoi donc, mon ami ?

HENRY.

Hélas ! Monsieur ; ce matin, que j'étais le plus riche des deux, j'étais bien sûr de n'en pas épouser d'autre que Fanchette ; mais à présent qu'elle a une ferme, comment voulez-vous qu'avec mes trois cents quarante livres....

LUSSAN, *riant.*

J'arrangerai cela. — Mariez-vous toujours.

FANCHETTE & HENRY, *sautant de joie.*

Ah ! Monsieur, quel bonheur ! est-il possible !....

BONIFACE, *les réunissant autour de lui.*

Ne songeons qu'à nous amuser maintenant. Au bout des épreuves dont la vie est semée, il est bien doux de pouvoir se retrouver en paix avec ses amis....

LUSSAN.

Ses voisins....

ELISE.

Sa famille....

CATHERINE.

Et soi-même !

VAUDEVILLE.

PREMIER COUPLET.

FANCHETTE, *à Henry.*

Ah, mon Dieu ! qu'est-c'qu'on dira,
Quand d'main j'irons au presbytère,
Puis qu'après on nous verra,
Toi t'rengorger, moi d'venir fière ?
Chacun de nous se rira,
Chacun nous jalousera ;
Puis enfin on s'accoutum'ra,
Ne sachant plus qu'y faire...
A m'respecter comme un fermière.

II. COUPLET.

HENRY, à *Fanchette.*

Livre-toi, si tu le veux,
au soin d'étaler ta richesse;
Moi, je ne dois, je ne peux
M'occuper que de ma tendresse.
Du mariage on t'fit peur;
Et, pour chasser ta frayeur,
Je crois qu'il est de mon honneur
De m'y prendre d'manière
A contenter ma p'tit'fermière.

III. COUPLET.

LUSSAN.

Nous nous plaignons qu'à Paris,
L'amant, dans son ardeur tranquille,
Doit aux dégoûts des maris,
Un bonheur par fois trop facile.
Que d'amoureux moins heureux,
Que d'époux plus amoureux,
Si chaque femme exigeait d'eux
Tout ce que j'ai su faire,
Pour attendrir une fermière!

IV. COUPLET.

BONIFACE.

J'ai vieilli dans les travaux,
Sans jamais trouver une femme
Qui pût troubler mon repos,
Qui pût même effleurer mon ame;
Mais l'amour sait rajeunir,
Et, je dois en convenir,
Si le destin, qu'il faut bénir,
Ne m'eût fait son beau père....
J'aurais guetté notre fermière.

V. COUPLET.

ELISE.

Mon cher oncle, excusez-moi,
Si d'abord j'ai pu vous déplaire;
A mon age, on peut, je crois,

Commettre une erreur passagère.
Mais, grace à cet heureux jour,
Avant peu, j'aurai mon tour ;
Faire le bien, faire l'amour,
C'est ce que je veux faire,
A l'exemple de la fermière.

VI. COUPLET.

LA MARQUISE.

En vain je m'en défendrais,
J'eus toujours l'humeur roturière ;
La nature et ses attraits
M'offrent seuls ce qui peut me plaire.
Que n'est-il en mon pouvoir
De troquer tout mon avoir
Contre un époux qui, chaque soir,
Voulût, dans ma chaumière,
Me traiter en jeune fermière !

]DERNIER COUPLET.

CATHERINE, au public.

Moi, Messieurs, depuis deux ans,
Ici j'ai vécu solitaire ;
Mais, pour regagner le tems,
Je vais chercher à me distraire.
Pour charmer votre loisir,
Pour me donner ce plaisir,
S'il ne vous faut qu'un grand desir,
Un grand soin de vous plaire,
Vous reviendrez voir la fermière.

(*Un ballet doit terminer la pièce. S'il n'y en a pas, il est facile de voir qu'on peut le supprimer, sans nuire à l'action ; le mieux pourtant serait qu'il y en eût un.*)

FIN.